Diogenes Taschenbuch 24676

Vom Glück allein

*Literarische Alleingänge mit
Katherine Mansfield, Joey Goebel,
Doris Dörrie u. v. a.*

Ausgewählt von
Theresa Clasen

Diogenes

Die Herausgeberin dankt Adrian Asllani für seine Mitarbeit
Covermotiv: Gemälde von Fairfield Porter, ›The Tender‹,
1973, oil on canvas
Copyright © 2022, ProLitteris, Zürich
Nachweis am Schluss des Bandes

Originalausgabe

Alle Rechte an dieser Ausgabe vorbehalten
Copyright © 2023
Diogenes Verlag AG Zürich
www.diogenes.ch
60/23/852/1
ISBN 978 3 257 24676 6

Inhalt

Unsere Olivia

Wie bei seinem heiligen Ritual üblich, bereitete Anthony Dent kurz vor sechs Uhr abends einen Bourbon mit Wasser für sich und die Frau vor, die er liebte, der er aber noch nie begegnet war. Diese Woche war es ein Early Times Kentucky Whisky. Er stellte ihr Glas neben den Fernseher und nahm dann seinen Stammplatz auf dem braunen Sofa ein, das er im Secondhand-Laden der Heilsarmee gekauft hatte. Wenig später war sie da, verteilte ihre Schönheit über sein düsteres und schäbiges Apartment mit den kahlen Wänden und den Kaffeeflecken auf dem Teppich. Sie trug das weiße Kostüm, das ihm so gefiel.

Olivia Abbott war umwerfend. Das fand ganz Moberly. Ihr schulterlanges brünettes Haar trug sie als zahme Variante des damals noch beliebten Rachel-Cut. Und ihr Mund, so schelmisch und doch lieb, so patent – Anthony fiel das treffende Wort für ihren Mund ein: geheimnisvoll. Doch gewöhnlich konzentrierte sich Anthony darauf, ihr direkt in die großen braunen Augen zu schauen.

Er drückte auf die Stummtaste seiner Fernbedienung. »O Olivia, du siehst heute Abend engelsgleich aus. Es ist wirklich schön, dich zu sehen. Ich hatte mal wieder einen miesen Tag. Ich erzähl dir alles darüber, doch vorher –«, Anthony hob sein Glas: »Auf ein Neues!« Er nippte an seinem Whisky. »Hoffentlich weißt du noch, dass wir uns heute Abend endlich persönlich kennenlernen. Keine Bange, ich habe alles gründlich bedacht. Ich werde nach dir Ausschau halten – meine Güte, was willst du denn hier?«

Jetzt war ihr Moderatorenkollege auf dem Bildschirm zu sehen. »Dir glaub ich kein einziges Wort«, sagte Anthony kühl. »Vermutlich hast du nicht mal eine Seele.« Anthony trank noch einen Schluck. »Wahrscheinlich betrügst du deine Frau.«

Bald erschien Olivia wieder auf dem Schirm. »Ich habe für heute Abend alles vorbereitet. Überlass einfach alles mir. Übrigens läuft es auf der Arbeit immer noch nicht rund. Der Job an sich ist in Ordnung, aber wenn wir nichts zu tun haben und einfach nur rumstehen – dann wird's echt schwierig. Ich weiß nie, was ich zu meinen Kollegen sagen soll. Anscheinend fällt ihnen problemlos irgendwas ein, das sie sagen können. Es macht ihnen gar keine Mühe. Klar gibt es da meine Beeinträchtigung, aber mir fehlen ja sogar die Themen. Doch wenigstens habe ich in dieser Hinsicht mit dir keine Probleme.«

Olivia verschwand erneut, und statt ihrer stand ein Reporter neben einem Highway und redete über die letzte Runde von Brückenreparaturen. Es war die Brücke, von der die Bewohner Moberlys gerne sprangen, wenn sie sich umbringen wollten. Anscheinend war sie permanent baufällig und verrostete alle paar Jahre. Anthony schaute auf einen Zettel, wo er Themen für das abendliche Gespräch notiert hatte. Während er überlegte, was er als Nächstes sagen sollte, zwirbelte er eine seiner schlaffen schwarzen Locken zwischen den Fingern, eine Angewohnheit von ihm.

Er hatte auch die Angewohnheit, ohne Vorwarnung beide Hände möglichst fest zu Fäusten zu ballen, bis die Finger schmerzten.

Schließlich kehrte der Moderator auf den Schirm zurück. Anthony zeigte ihm den Stinkefinger und sagte ihm, falls er je Kinder bekäme, würde er einen miesen Vater abgeben, und falls er schon Kinder hätte, säßen sie bestimmt nicht gern mit ihm zusammen im Auto.

Olivia kam zurück. »Das ist jetzt wirklich peinlich. Als ich heute Morgen zur Arbeit kam, probierte ich es zur Begrüßung mit der Variante eines dieser hippen Handschläge, die sie alle so cool finden, doch ich bekam das nicht hin und streichelte schließlich die Hand meines Arbeitskollegen. Er sah mich an, als wäre ich der größte Volltrottel überhaupt.«

Als ein Einspieler über jemanden kam, der ein Haus voller Hunde vernachlässigt hatte (in Moberly wurden ständig von irgendwem Häuser voller Hunde vernachlässigt), warf Anthony noch einen Blick auf seinen Zettel. »Olivia, mir ist klar, dass wir vor unserer Begegnung heute Abend ein paar Probleme aus dem Weg räumen sollten. Zunächst einmal ist mir bewusst, dass dies für ein Paar nicht die ideale Art ist, sich persönlich kennenzulernen. Doch ich halte mich gern für etwas Besonderes, und du bist offensichtlich auch etwas Besonderes, und besondere Menschen sollten das Recht haben, Dinge auf ihre eigene Art zu machen. Und ich *sehe* zwar nicht besonders *aus,* aber du weißt ja schon über mich und mein Drehbuch Bescheid, was nichts weiter heißen soll als, nun ja … ich bin auf einem guten Weg.«

Wieder kam der Moderator ins Bild, doch diesmal redete Anthony weiter, konzentrierte sich jetzt auf Spinnweben in einer Ecke der Zimmerdecke, die er manchmal als Double für Gott benutzte. Die Spinnweben hingen schon ewig da und zuckten, wenn Heizung oder Klimaanlage an waren. »Ich weiß, dass es Gründe gibt, warum das mit uns nicht funktionieren könnte. Einer von uns ist prominent und hat einen beeindruckenden Job. Der andere arbeitet im Lager eines großen Baumarkts. Aber ich bin auf einem guten Weg. Steve trifft sich nächste Woche mit diesem Produzenten in L. A. Lass es bitte geschehen. Im Moment mag ich dir wie ein Niemand vorkommen, aber das wird nicht lange so bleiben. Lass es bitte geschehen.«

Wieder erschien Olivia auf dem Schirm. Anthony stellte seinen Drink ab und rutschte an die Sofakante. Er redete hektisch, schaute abwechselnd auf den Fernseher und die Spinnweben. »Ich weiß, dass bald Werbung kommt, und dann meldet sich Hal mit dem Wetter, also hör mir bitte einfach zu. Du musst mir eine Chance geben. Lass nur ein Mal, nur dieses eine Mal, die Guten gewinnen. Bitte. Mir gelingt gar nichts. Stimmt, ich habe das Drehbuch, aber ich meine bei Frauen. Bei Menschen. Ich weiß wirklich nicht, was mit einem Mann geschieht, wenn ihm sein ganzes Leben lang nichts gelingt. Alle waren so grausam zu mir. Es tut so weh und hört nicht auf. Aber warte nur, bis sie mich mit dir zusammen sehen.« Auf dem Bildschirm erschien die Werbung eines Autohändlers. »Ich kann es nicht erwarten, dich heute Abend zu sehen. Amen.«

Anthony stellte sich vor, wie diese Szene für viele seiner toten Verwandten ausgesehen haben mochte. Er spürte, wie sich Tränen bildeten, hielt sie aber zurück.

Dann folgten die Zweifel, sie betraten seinen Geist wie

fahlgesichtige Sargträger. War sie überhaupt Single? Wie wäre das *möglich*? Und alle anderen wiesen ihn ab. Warum sollte sie anders sein? Und wenn ihre Zurückweisung der letzte Stoß wäre, der ihn dazu brachte, ein schlechter Mensch zu werden? »O Gott«, sagte er, als die nächste Autowerbung lief, diesmal brüllte ein Mann die Zuschauer an. »Lass nicht zu, dass ich ein schlechter Mensch werde.«

Anthony war fünfundzwanzig. Wenn er an all die Jahre unerwiderter Liebe dachte, jede Variante unerwiderter Liebe, die man sich nur vorstellen kann: die vielen Male, die man ihm direkt ins Gesicht gelacht hatte, die vielen Gelegenheiten, wenn ihm abrupt der Wind aus den Segeln genommen wurde, weil die Frau ohne jede Erklärung plötzlich verstummte … Dann stellte er sich seine ungenutzte Liebe als Flüssigkeit vor, und sein Körper war so voll von dieser Flüssigkeit, dass sie jeden Moment überlaufen konnte. Sie hatte sich dermaßen aufgestaut, weil so viele Menschen seine Liebe zurückgewiesen hatten, doch Anthony hielt daran fest, weil er dachte, eines Tages würde er der richtigen Person begegnen, die er mit seiner Liebe überschütten könnte.

Seiner Meinung nach war diese Person die Nachrichtensprecherin Olivia Abbott von den Nachrichten auf Channel Seven. Er hielt sie für eine Göttin, die perfekte Frau, die seinen jahrelangen Kummer wettmachen würde. Sie würde seine Belohnung sein. Er war überfällig. Dieses Wort traf seiner Ansicht nach am besten auf ihn zu: überfällig. Doch wenn er sich seine überschwengliche Liebe vorstellte, dachte er unwillkürlich: Was, wenn Olivia, was, wenn *niemand* jemals dieses große, volle Glas mit dem annimmt, was ich zu bieten habe? Werde ich dann nicht irgendwann schal? Und was ist, wenn eine solche große Menge sauer wird? Geraten wir dann nicht alle in Schwierigkeiten?

Er erhob sich vom Sofa und leerte Olivias Drink für sie. Als sie wiederauftauchte, presste er die Fingerspitzen auf ihr Gesicht hinter dem staubigen Bildschirm.

Moberly, Kentucky, lag am Ohio River im Westteil des Bundesstaats, eines auf ewig verarmten Staates, der in Sachen Gesundheit und Bildung landesweit zu den Schlusslichtern gehörte. Es war ein kleiner, freundlicher Ort, und wahrscheinlich käme man zu dem Schluss, dass er sich kaum von anderen Orten unterschied. Beispielsweise fuhren genau wie anderswo die Leute auf Parkplätzen zu schnell, und die meisten Eltern passten auf dem Spielplatz nicht ordentlich auf ihre Kinder auf. Und wie in den meisten amerikanischen Städten dieser Größe gab es keine Buchhandlung.

Die Studios von Channel Seven waren schon immer in Moberly gewesen, auch wenn sich dessen Hauptmarkt in der übernächsten Stadt befand, dem viel größeren Salton, Indiana. Anthony parkte seinen 1989er-Pontiac Grand Am am Rande des Parkplatzes, von wo aus er den Hinterausgang im Blick hatte. Jetzt war es 22 Uhr 35, Zeit für Olivia, nach den Zehn-Uhr-Nachrichten den Sender zu verlassen. Er betrachtete das Gebäude und dachte daran, dass sie da drin war. Ihr Körper war dort. Er lechzte danach, mit seinen Fingerspitzen all die Linien nachzuzeichnen, die sie ausmachten.

Es war sein zweiter Besuch auf dem Gelände von wtsw.

Das erste Mal war vor fünf Monaten gewesen, nicht lange nachdem er Olivia im Fernsehen entdeckt hatte. Als er sie das erste Mal sah, fühlte sich sein ganzer Körper entflammbar an, und in dieser Nacht schlief er nicht vor vier Uhr früh auf seinem Doppelbett ein. Er dachte sich, um sie kennenzulernen, sollte er sich am besten einen Job in dem Nachrichtensender suchen. Am Empfang gab man ihm ein Bewerbungsformular für einen Job als Produktionsassistent mit, lud ihn aber nicht zu einem Vorstellungsgespräch ein. (Sein Abschluss in Betriebswirtschaftslehre, zu dem sein Vater ihn gezwungen hatte, weil er »Sicherheit« gäbe, hatte ihm in den letzten vier Jahren nicht viel gebracht.) In den folgenden Monaten hatte er sich zu keinen weiteren Schritten aufraffen können, bis er einen Artikel über Olivia in *Here & Now* las, einer dieser Gratiszeitschriften, die in den Metallständern vor Restaurants und Geschäften auslagen.

Dank dieses Zeitschriftenartikels erfuhr Anthony endlich ein wenig mehr über Olivia. Sie stammte aus Kansas City in Missouri, wo sie an Wochenenden als Moderatorin gearbeitet hatte. Sie war zwei Jahre älter als Anthony. Auf die Frage nach ihren Hobbys ließ sie sich so zitieren: »Ich weiß, es klingt kitschig, doch Freitagabend baue ich gern den Stress der Arbeitswoche ab, indem ich Karaoke singe.«

An den letzten beiden Freitagabenden unternahm Anthony ein paar seltene Ausflüge aus seiner Wohnung in die Bars der Gegend, die Karaoke anboten, doch von Olivia keine Spur. Heute Abend hatte er vor, ihr zu folgen, wohin sie nach der Arbeit auch gehen mochte. Er hoffte, sie würde in einer Bar singen, wo er sich zuerst Mut antrinken und sich ihr dann vorstellen würde.

Um 22 Uhr 50 verließen die ersten Mitarbeiter das Studio, so auch Mark Parker, Olivias Co-Moderator. Anthony betrachtete sich nervös im Rückspiegel. Er sah gar nicht übel aus, und es wäre nicht abwegig, sich ihn und Olivia als Paar vorzustellen. Er hatte ein sympathisches Gesicht, die Nase war eine Spur zu groß, und seine schlaffen schwarzen Lockenhaare unterschieden ihn von in dieser Gegend lebenden Männern mit banalem Haarwuchs. Sein Lächeln war jungenhaft nett, aber nicht unbedingt fröhlich. Er hatte freundliche Augen, die häufig auf den Boden oder seine Schuhe gerichtet waren (blaue Wildleder-Vans). Wäre das Leben ein Kinofilm, hätte man ihn als den schrulligen, aber verlässlichen besten Freund des selbstsicheren, etwas besser aussehenden Hauptdarstellers besetzt, so einen wie Mark Parker.

Es war kurz vor elf, als er sie sah. Sobald er sie leibhaftig sah, fühlte es sich an, als würden Gottes große Glühwürmchenfinger Anthony ins Rückgrat piksen, sein zentrales Nervensystem beschleunigen und elektrisieren, ein Gefühl, als würde er sich gleich aus seinem eigenen Körper katapultieren. Er wollte sich selbst hinter sich lassen.

Olivia stieg auf der anderen Seite des Parkplatzes in einen mittelgroßen taubenblauen Wagen. Anthony ließ den Motor an und schaltete die Scheinwerfer ein. Er wartete, bis sie sich der Parkplatzausfahrt näherte.

Als er gerade seine Parklücke verlassen wollte, bot sich ihm vor seinem Wagen ein surrealer Anblick.

Anthonys Scheinwerfer beleuchteten einen langhaarigen Dicken in einem grauen Jogginganzug und mit einer Basecap der Kansas City Royals auf dem Kopf. Der Mann streckte Anthony ungelenk eine Hand entgegen, hielt ihn an.

Er rief irgendwas.

Anthony ließ die Scheibe runter.

»Sie gehört mir! Sie gehört *mir*!«

Der Mann kam an Anthonys Fenster. Er hatte graue Bartstoppeln, mochte Mitte fünfzig sein. Vielleicht hatte er einmal gut ausgesehen, doch die Zeit hatte seinem Gesicht übel mitgespielt. Er sah aus wie jemand, der sich immer gerade von einem Ort entfernte, an dem man ihn nicht haben wollte.

»Ich weiß genau, was du vorhast.«

»Ich h-h-ab gar nichts vor.«

»Du bist hinter Olivia her. Ich sag's dir gleich, zieh dich zurück, oder ich bring dich um. Klar?«

Anthony schüttelte den Kopf und ließ die Scheibe hoch. Er stellte den Hebel auf Drive, doch als er anfuhr, ließ sich der Mann mit dem Bauch voran auf seine Motorhaube fallen.

Anthony stieg aus, während der Mann schrie: »Glaubst du etwa, ich lasse zu, dass hier irgendein Neuling auftaucht und alles kaputtmacht, was ich mir aufgebaut habe?«

»R-r-unter von meinem Auto!«

»Augenblick mal«, sagte der Mann mit dem knochigen Gesicht, der immer noch mit erhobenem Kopf auf der Motorhaube lag. »Redest du so?«

Anthony starrte dem dicken Mann in die wilden Augen. »Stimmt doch, oder? Einen Moment lang hab ich echt befürchtet, du hättest bei ihr eine Chance. Aber glaubst du wirklich, Olivia Abbott würde mit einem Typ zusammen sein, der nicht mal richtig reden kann?«

Angetrieben von einer Wut, der er nur selten freien Lauf

ließ, packte Anthony den Mann an seinen Fußknöcheln und zog mit einer Kraft, von deren Existenz er nichts geahnt hatte. Der Mann rutschte quer über die Haube und runter vom Auto. Auf dem Weg nach unten stieß er sich den Kopf an der vorderen Stoßstange.

Anthony sah sich um. Niemand sonst war zu sehen. Er ging wieder zu seiner Fahrertür, als der Mann laut, hemmungs- und schamlos zu weinen begann wie ein groteskes Kleinkind. Anthony kniete sich neben ihn.

»Geht's Ihnen nicht gut?«

Der Mann antwortete nicht, und zwischen seinen Fingern sickerte Blut hervor.

»Tut mir leid. Aber S-S-Sie haben g-gesagt, Sie würden mich umbringen.«

Der Mann weinte weiter. Anthony war ehrlich beeindruckt davon, dass sich jemand so gehenließ.

»Soll ich Sie im Krankenhaus absetzen?«

»Bloß nicht. Ich bin total zugedröhnt. Wenn die rauskriegen, was ich alles genommen hab, holen sie vielleicht die Bullen.«

»Na schön. Ich muss los.«

»Moment. Kannst du mir nicht etwas Eis oder so bringen?«

»Keine Ahnung. Ich weiß nicht, was ich machen soll.« Der Mann nahm seine Hand von der Stirn, sodass man seine blutende Wunde sah. Anthony war betroffen angesichts des Schadens, den er einem menschlichen Körper zugefügt hatte.

»Vielleicht nur ein paar Eiswürfel in einem Handtuch?«, schlug der Mann schniefend vor.

Der bescheidene Wunsch beschämte Anthony. Er war von sich selbst enttäuscht. Normalerweise ignorierte er Menschen, die sich über sein Stottern lustig machten, doch weil sich der Mann so direkt und unverblümt geäußert hatte, gab etwas in ihm nach. Seit der Pubertät hatte er mit seinem Stottern gelebt. Das erste Mal war es passiert, als eine Lehrerin ihn aufgefordert hatte, ein paar Bibelverse laut vorzulesen. Als er über die Wörter stolperte, lachte die Klasse. Als das Schuljahr seinen Verlauf nahm und das Stottern blieb, wurde es weniger lustig.

Während Highschool und College nagte das Stottern an Anthonys Selbstachtung. Was er darauf zurückführte, dass er mit fünfundzwanzig noch Jungfrau war, weil das Stottern besonders schlimm wurde, wenn er mit Mädchen und jungen Frauen sprach. Nur wenn er allein war, konnte er normal reden. Bis er herausfand, wie sich Alkohol auf seine Sprachstörung auswirkte. Während seines letzten Jahres auf der Highschool merkte er, dass er sich wie jeder andere auch unterhalten konnte, wenn er trank. Was im Laufe der Zeit zu zahlreichen alkoholbedingten Problemen führte. Neben einigen Trunkenheitsfahrten bewirkte sein Trinken, dass er zu Frauen häufig genau das Falsche sagte.

Sein Sprachfehler führte ihn direkt zum Schreiben. Beim Schreiben lief er zu Hochform auf, und neben Literatur schrieb er besonders gern Briefe, auf die er allerdings meist keine Antworten bekam. Er fragte sich, wie das wohl sein mochte, anderen einfach nicht zu antworten. Lag es daran, dass er in seinen Briefen offen und ehrlich, es den Adressaten allerdings unangenehm war, auf all das zu reagieren, was er darin ansprach? Antworteten sie ihm deshalb nicht?

Es war schwierig, ihm als Gegenüber zuzuhören. Es war schwierig, mit seinen Briefen umzugehen. Also bekam er keine Antwort, keine Antwort, keine Antwort – es war der rote Faden, der sich durch sein Leben zog. Dazu passte, dass nicht einmal die geliebte Olivia auf seine Bemerkungen reagierte.

Er half dem Mann auf die Beine.

Weil der Mann Anthony partout nicht erzählen wollte, wo er wohnte, fuhr der ihn in sein Apartment, wo er ihm ein Badetuch reichte und sagte: »Hier. Ich schmeiß es weg, wenn Sie fertig sind, also keine Sorge wegen der Blutflecken.« Der Mann sagte nicht viel, außer dass er sich fühle, als sei er »kein Teil der Realität«. Als er das Bad verließ, sah der Mann ohne das Blut längst nicht so schwer verletzt aus, wie Anthony befürchtet hatte. Und in der schwachen Wohnungsbeleuchtung erkannte Anthony jetzt, dass die Platzwunde gar nicht so deplatziert wirkte. Der Mann wirkte irgendwie angeschlagen. Gesichtsverletzungen waren bei ihm wahrscheinlich nichts Ungewöhnliches.

Anthony gab ihm ein Schmerzmittel und das versprochene Eis, und sobald klar war, dass Anthony überhaupt keinerlei Medikamente in seinem Apartment hatte, gab sich der Mann, der nur seinen Nachnamen nannte, Carlisle, mit einem Whisky mit Eis zufrieden.

Die beiden ließen sich auf dem Sofa nieder und tranken. »Ich weiß das zu würdigen«, sagte Carlisle, »aber es ändert gar nichts. Ich gestatte nicht, dass du es meiner Olivia besorgst.«

Anthony lachte.

»Was denn? Warst du nicht deshalb auf dem Parkplatz?«

Erleichtert, dass er endlich gestehen konnte, sagte Anthony: »Stimmt, ich war da, um Olivia zu folgen. Aber n-nicht um das zu tun, was Sie gerade gesagt haben.«

»Blödsinn.«

»Zugegeben, das will ich auch, aber eigentlich suche ich nur jemanden, mit dem ich reden kann. Ich la-la-liebe sie.«

»Du bist wohl eher scharf auf ihren Arsch.«

»Nein. Sie ist so viel mehr als das.«

»Mein Fehler. Sie hat ein hübsches, volles Paar Titten, und die Beine sind auch nicht ohne.«

»Sie hat eine tolle Persönlichkeit. Ist Ihnen das noch nie aufgefallen?«

»Na logo. Gleich oben in der Mitte ihres Rocks hat sie eine tolle Persönlichkeit. Und was für eine.«

»Sie w-widern mich an.«

»Als würdest du nicht genauso denken.«

»Ich denke, sie strahlt Wärme und F-Freundlichkeit aus und ist ausgesprochen intelligent, und ich habe noch n-n-nie eine so angenehme Sprechstimme gehört.«

»Wenn ich endlich mit ihr fertig bin, wird sie in Zungen reden. Ich werd's ihr so richtig besorgen.«

»Aufhören!« Anthony stand auf, er wollte mit diesem Mann nicht das Sitzmöbel teilen. »Hören Sie auf, so über sie zu reden.«

»Ich rede über sie, wie es mir passt. Ich hab sie zuerst gesehen. Und sie wird *mir* gehören.«

»Ich halte es für wa-wa-wahrscheinlicher, dass Sie von einem Blitz getroffen werden.«

»Ich *bin* mal von einem Blitz getroffen worden.« Anthony lachte, doch Carlisle blieb ernst. »Und ich verrate dir noch was, Häuptling. Olivia hat sich schon in mich verliebt. Es ist also alles in trockenen Tüchern.«

Wieder lachte Anthony. »Sind Sie ihr überhaupt jemals *begegnet*?«

»Nein, aber sie liebt mich, und das weiß ich.«

»Wieso sagen Sie das?«

»Das spüre ich, wenn sie im Fernsehen ist. Als würde sie mit *mir* reden.«

Anthony gab ein leises, trauriges Lachen von sich und nickte. Er bot Carlisle noch einen Drink an, dann setzte er sich wieder.

»Du bist so ein Amateur. Garantiert kennst du nicht mal ihren richtigen Namen.«

»Olivia ist nicht ihr richtiger Name?«

Carlisle lachte.

»Wie *lautet* denn ihr richtiger Name?«

»Das verrate ich dir nie.«

»Woher kennen Sie ihn?«

»Ich weiß *alles* über sie.«

»Woher?«

»Ich rede mit Leuten, Dummkopf. Ich rede mit dem Kameramann. Ich rede mit ihren Nachbarn. Ich rede mit den Freunden ihrer Nachbarn.«

»Sie wissen, wo sie *wohnt*?«

»Natürlich weiß ich das. Du etwa *nicht*?«

»Nein.«

»Du weißt echt nicht, was du da tust, oder?«

»Nein.«

»Du hast sie nicht verdient.«

»*Sie* etwa?«

»Wenigstens weiß ich, was ich mache. Zunächst mal parkt man nicht irgendwo und sitzt im Dunkeln herum. Du hast da draußen scheißverdächtig ausgesehen.«

»Wo waren Sie denn, wenn Sie nicht in einem Auto gesessen haben?«

»In meinem Versteck.«

»Als ob das nicht verdächtig wäre.«

»Unwichtig. Du hast mich nicht *gesehen*, stimmt's?« Die nächste halbe Stunde rüffelte Carlisle Anthony nicht nur, weil er seiner Angebeteten nachstellte, sondern auch, weil er sich dabei völlig verkehrt anstellte. Schließlich döste er mitten im Satz ein. Anthony ließ ihn auf dem Sofa liegen und packte ihm sogar ein Kissen unter den Kopf. Ehe er das Licht löschte, fuhr er mit der Fingerspitze über die Platzwunde.

Anthony setzte große Hoffnungen auf den nächsten Morgen, wenn Carlisle nüchtern sein würde und er ihn nach allem fragen konnte, was er über Olivia wusste. Doch als Anthony aufstand, war Carlisle fort.

Kurz vor sechs Uhr abends machte sich Anthony, ihrem heiligen Ritual gehorchend, einen Whisky mit Wasser, während Carlisle am Küchentisch saß und einen Joint drehte. Sie nahmen ihre Plätze am jeweils anderen Ende des Sofas ein. Als Olivia auftauchte, zählte Carlisle sofort all das auf, was er gern mit ihr machen würde. Auf seine Frage, was Anthony gern mit ihr machen würde, antwortete der, er würde sie gern sanft auf den Haaransatz im Nacken küssen.

Darauf erwiderte Carlisle, über denselben Ansatz würde er gern lässig seine Hoden drapieren.

Sie hatten sich den ganzen letzten Monat gemeinsam die Abendnachrichten um sechs und um zehn Uhr angesehen. Katalysator für diese kleinen Fernsehpartys war ein Vorkommnis gewesen, das sich zwei Wochen nach Anthonys und Carlisles erster Begegnung zugetragen hatte.

Anthonys Drehbuch verkaufte sich nicht. In dem Augenblick, als Steve, der Mann, der als sein Agent fungierte, ihm die schlechte Nachricht mitteilte, spürte er, wie sich sofort Tränen sammeln wollten, doch er gestattete sich nicht zu weinen. Er erinnerte sich nicht, je gesehen zu haben, dass seine Mom oder sein Dad geweint hätten. Ihre Berufe waren erniedrigend, ihre Träume durch Kompromisse verwässert, und sie lebten ohne Hoffnung, doch wenigstens weinte die Familie Dent nie.

Das Drehbuch, das siebte, das Anthony geschrieben hatte, beruhte auf seiner Studienzeit an der University of Southern Indiana, die nahe genug bei Moberly lag, dass er pendeln konnte. Der Protagonist hatte auf dem College keine Freunde. Es gab lange Pausen zwischen den Lehrveranstaltungen, und da er nicht wusste, wo er hingehen sollte, blieb er in seinem Wagen und beobachtete all die jungen Leute durch die Windschutzscheibe, während er trank – für den Fall, dass er in einem Seminar reden oder vorlesen musste. Das Skript endete so, wie Anthony es sich im richtigen Leben gewünscht hätte: Der Protagonist bemerkt eine junge Frau, die in ihrem Auto sitzt und alle beobachtet, und schließlich sitzen sie gemeinsam in seinem Wagen und beobachten zusammen alle anderen.

»Ich schreibe, weil ich nicht sprechen kann.« Das sagte Anthony gern. Er träumte davon, seinen Lebensunterhalt als Drehbuchautor zu verdienen, zugegebenerweise, weil sich damit das meiste Geld verdienen ließ und er sein Leben lang arm gewesen war. Drehbuchautor zu werden kam ihm zuerst in den Sinn, als er mit neunzehn den Film *Paris, Texas* sah. (Besonders fasziniert war er von dem Schauspieler Harry Dean Stanton aus Kentucky.) Einen wesentlichen Teil seines Erwachsenenlebens hatte er damit verbracht, Briefe und Kurzgeschichten an Literaturagenten zu schicken; er verschickte sie wie Gebete, bekam aber keine Antwort, keine Antwort, keine Antwort. Ihm fehlten die Mittel, nach Los Angeles umzuziehen, daher fiel ihm nichts anderes ein, als an Drehbuchwettbewerben teilzunehmen, und letztes Jahr nahm einer der Juroren eines Wettbewerbs Kontakt mit ihm auf und sagte, auch wenn sein Skript nicht gewonnen habe, glaube er, es habe Potenzial, und fragte, ob er »Angebote einholen« dürfe. Anthony hatte von Anfang an gewusst, dass es eher unwahrscheinlich sein würde, sein Drehbuch zu verkaufen. Doch am meisten schmerzte ihn, dass er Olivia nun so viel weniger zu bieten hatte.

Anthony war so deprimiert, dass er eines Abends auf den Parkplatz des Senders wtsw zurückkehrte, aber nicht, um nach Olivia Ausschau zu halten. Auf dem Parkplatz stieg er aus seinem Wagen und schrie »Carlisle!« in den Abendhimmel. Und tatsächlich tauchte Carlisle vor ihm auf, woraufhin Anthony fragte, ob er ihm helfen könnte, ein paar Oxycodon-Pillen zu besorgen. Anthony hatte noch nie Drogen genommen, wusste aber seit einer Operation im Rachenraum, wie großartig er sich dank Schmerzmedikamenten fühlte, als könnten seine Gedanken endlich lächeln. Doch in einer unerwarteten Anwandlung von Menschlichkeit weigerte sich Carlisle, ihm die Pillen zu geben, und begründete es damit, er wolle nicht, dass sich der junge Mann zugrunde richtete. Noch überraschender war, dass Carlisle Anthony von oben bis unten musterte und sagte: »Sieh mal. Du hast dein ganzes Leben vor dir. Olivia liebt mich bereits. Zwei andere wunderschöne, berühmte Frauen sind in mich verliebt. Und du hast mir geholfen, als ich völlig fertig war. Daher habe ich beschlossen, dir zu helfen, bei unserer Olivia zu landen.«

Zunächst spottete Anthony über den Vorschlag, doch Carlisle konnte reden und überzeugte ihn bald davon, dass er etwas besaß, was Anthony brauchte: Informationen. Ohne den Drehbuchverkauf brauchte Anthony mehr Hilfe als je zuvor, um sich mit einer so außergewöhnlichen Frau auf Augenhöhe zu treffen, und alles nur Mögliche über sie zu erfahren könnte zu seinem Vorteil gereichen.

Während des nächsten Monats sahen Anthony und Carlisle einander fast täglich. Sie trafen sich in Anthonys Apartment, sobald dieser von seiner Arbeit im Baumarkt nach Hause kam. Anthony trank, Carlisle rauchte – Anthony bat ihn, nichts Härteres als Marihuana in seine Wohnung zu bringen –, und ihr häufigstes Gesprächsthema war Olivia Abbott, auch wenn sie einander allmählich mehr über sich erzählten. Carlisle hatte einmal eine Familie gehabt und war stellvertretender Geschäftsführer des Ponderosa Steakhouse am Highway 71 gewesen. Doch selbst als Familienvater war seine Sucht ein Problem gewesen. Er hatte sie ein paar Jahre unter Kontrolle gehabt, bis er sich eines Tages vor vier Jahren bei der Arbeit beide Unterarme verbrannte, als er einer neuen Mitarbeiterin zeigte, wie man Pommes frites zubereitete. Man gab ihm Schmerzmittel, was dazu führte, dass er sich auf dem Schwarzmarkt mehr Schmerzmittel besorgte und dann alle anderen illegalen Substanzen, die er bekam.

Anthony fand besonders faszinierend, wie Carlisle eine Vorliebe fürs High-Werden und für Kinobesuche entwickelt hatte. (Im Gegensatz zu Anthony mochte Carlisle so ziemlich jeden Film, den man ihm zeigte.) Carlisle richtete es so ein, dass er genau in dem Moment high wurde, wenn die Lichter im Saal verlöschten. Seit seiner Kindheit voller Züchtigungen durch einen ultramachohaften Vater (was ihn mit Anthony verband) hatte er versucht, sich den Verpflichtungen der Realität zu entziehen, aber nie war ihm die Realitätsflucht so gründlich gelungen wie bei diesen Ausflügen ins Lichtspielhaus.

Während dieser Kinobesuche hatte er sich in Drew Barrymore verknallt. Zerrissen zwischen Drogenmissbrauch und seiner Schwärmerei für die Schauspielerin, verlor er seine geistige Orientierung und stand schließlich ohne Arbeit und ohne Familie da. Seine Frau und seine Töchter wussten nichts von Drew Barrymore, sie wussten nur, dass er sich ihnen immer mehr entzog. Tatsächlich brachte er Tag für Tag immer längere Phasen damit zu, Meth zu rauchen und langatmige Briefe an Drew Barrymore zu schreiben. Später entwickelte er ähnliche Gefühle für Winona Ryder und Olivia Abbott.

»Was die für einen Mund hat«, sagte Carlisle und schüttelte den Kopf Richtung Fernseher, während Anthony den

Rauch zurück Richtung Carlisles Sofaende wedelte. »Ich bin regelrecht verschossen in diese Frau. Ich bin ein großes Hormon, das sich über Gottes ganze hirnlose Erde versprüht. Du kannst dich glücklich schätzen, dass ich nicht mehr versuche, sie flachzulegen.«

»Für mich wäre es eine Ehre, sie einfach nur bei ihren täglichen Verrichtungen zu beobachten, zu sehen, wie sie in der Küche nach einem Teller greift, welche Kleidungsstücke sie morgens auswählt. Beispielsweise heute hätte ich liebend gern gesehen, wie dieses Kleid und diese Halskette zueinanderfanden …«

»Das zeigt nur, wie wenig du weißt. Vor der Arbeit trägt sie Jeans, und mit diesem ganzen Kram staffiert man sie erst im Sender aus.«

»Das tut nichts zur Sache. Allein zu beobachten, wie sie von einem Zimmer ins nächste geht – ich würde alles tun, um dieses Privileg zu genießen. Ich will sie zum Lachen bringen und zusehen, wie sich ihre Wangen dabei heben und senken.« Anthony machte den Fernseher an. »Hast du das gehört, Olivia? Ich bin nicht wie die anderen Kerle. Wenn wir heiraten, werden wir unsere Flitterwochen irgendwo an einem Strand verbringen, und wir fahren in einen Wein- und Spirituosenladen, wo ich dir kaufe, was du willst, und dann laufen wir kichernd die Gänge rauf und runter, und der Schnapsverkäufer wird über uns lachen. Mit uns.«

»Ich sollte nicht mal zulassen, dass du das morgen durchziehst. Mit so einem Gerede steuerst du schnurstracks auf ein böses Ende zu.«

»Aber wir sind schon so weit gekommen.«

Den restlichen Abend verbrachten sie damit, das durchzugehen, was Carlisle »den Job« nannte. Das sagte er nicht nur wegen der Arbeit, die sie darin investiert hatten, sondern auch, weil er ein Fan von Profi-Wrestling war, und beim Wrestling war ein »Job« jeder Teil einer Show, der dazu diente, dem Publikum weiszumachen, was sie sähen, sei echt. Carlisle glaubte, zunächst sei ein Job nötig, um Olivia daran zu hindern, Anthony zu ignorieren. Der Job war im letzten Monat nach und nach zwischen den Sechs- und den Zehn-Uhr-Nachrichten entstanden. Carlisle ging dann im Wohnzimmer auf und ab und gab Ideen zum Besten, während sich Anthony Notizen machte. Manchmal probten sie sogar, wobei Carlisle die Rolle Olivias spielte. Carlisles Hauptkritikpunkt an Anthony während dieser Proben lautete, er rede zu viel, worauf Anthony erwiderte: »Ich weiß. Es ist nur so angenehm, dass mir jemand zuhört.«

Am ersten Freitag im September fuhr Carlisle Anthonys Wagen, damit Anthony etwas trinken konnte. Anthony trank in seinem Apartment zwei Whisky, genug, um sein Stottern zu beenden. Carlisle achtete auch darauf, dass Anthony etwas aß (einen Double Cheeseburger am Highway 71), damit er nicht nachlässig wurde. Sie waren unterwegs zu einer Bar namens Froggy's, wo Olivia Karaoke sang, wie Carlisle herausgefunden hatte.

»Denk dran, du musst ihr die ganze Zeit in die Augen sehen. Besonders wenn du sie wegen deines Drehbuchs anlügst.«

»Aber was soll ich machen, wenn sie herausfindet, dass ich es nicht verkauft habe?«

»Darüber machen wir uns keinen Kopf. Heute Abend geht es darum, einen ersten guten Eindruck zu hinterlassen.«

»Das mit dem Lügen ist mir nicht recht.«

»Mach nicht so einen Aufriss, Dent. Auf dieser Welt gewinnt nur, wer besser schwindelt als die anderen.«

Es war 23 Uhr 16, als sie vor Froggy's eintrafen. Und tatsächlich entdeckte Carlisle auf dem Parkplatz sofort Olivias Mercury Cougar. Anthony war so nervös, dass er ein paar Schluck Whisky aus einem Flachmann nahm. Als sie ausstiegen, sagte Carlisle: »Letzte Kontrolle.« Anthony trug seine Vans, Bluejeans und ein James-Taylor-T-Shirt (auch wenn es ihn schauderte, sobald er Taylors weiche, ölige Stimme hörte). Carlisle verwuschelte Anthonys lockige Haare. »Lass sie ein bisschen durcheinander. Weiber mögen das.«

Carlisle betrat die Bar zuerst. Anthony wartete zwei Minuten. Als er durch die Vordertür in die volle kleine Bar ging, rechnete er mit einem Herzstillstand. Olivia stand auf der Bühne und sang Patsy Clines *Crazy*. Ihre Singstimme war ebenso bezaubernd wie ihre Sprechstimme. Sie trug ein kurzes Trägerkleid mit einem weißen T-Shirt darunter und einen engen Halsreif. Als Anthony durch den rauchgeschwängerten Raum blickte, dachte er daran, dass er die gleiche Luft atmete wie sie.

Er schaute sich nach Carlisle um, sah ihn aber nicht. Olivia erntete wahre Beifallsstürme. Als sie an ihren Tisch zurückkam, begrüßten ihre Begleiter sie mit High fives und Schulterklopfen. Sie war mit fünf Leuten da, drei Frauen und zwei Männern. Eine der Frauen war Reporterin, doch die anderen kannte Anthony nicht. Sie gossen aus zwei großen Krügen Bier in ihre Gläser.

Schließlich machte Anthony Carlisle ausfindig, der neben der Jukebox an der Wand lehnte. Er war besorgt, als er sah, dass Carlisle auf Olivia starrte und die Handfläche lasziv an der Wand rieb, er war aber wild entschlossen, seinen Plan durchzuziehen. Anthony bestellte einen Old Forester mit Wasser und nahm an einem Tisch hinten im Raum Platz. Während er darauf wartete, den entscheidenden Schritt zu tun, betrachtete er Olivia und befand, dass sie mit keinem der beiden Männer etwas hatte. Sie unterhielt sich vorwiegend mit den Frauen, schien sich aber vor allem aufs Trinken zu konzentrieren. In der Zeit, wo die anderen ihre Gläser einmal nachfüllten, füllte sie ihres zweimal nach.

Als Olivia nach einer Weile aufstand und in Richtung Damentoilette ging, sprang Carlisle sofort an ihren Tisch, setzte sich an ihren Platz und fing an, mit der Journalistin und den anderen zu plaudern. Sein Ziel war es, Olivias Freunde zu beschäftigen, damit Anthony sich möglichst ungestört mit ihr unterhalten konnte.

Als Olivia vom Klo kam, schlenderte Anthony auf sie zu, wobei er tat, als sähe er sie nicht, was ungefähr so war, als ginge man zum Strand und gäbe vor, das Meer nicht zu sehen.

»Hey!«, sagte Olivia. »Mir gefällt Ihr Shirt.«

Dass sie ihn ansprach, war für Anthony so krass, dass es vielleicht ohnehin gar nicht wirklich geschah – und deshalb nicht viel bedeutete. Doch sie meinte tatsächlich sein Shirt. Er sah ihr in die Augen.

»Oh, danke. Sind Sie ein Fan?«

»Ein *großer* Fan. Er ist mein Lieblingssänger.«

»Was sagt man dazu?«

Olivia verzog ihren geheimnisvollen Mund zu einem niedlichen, schüchternen Lächeln und wollte weitergehen.

»Moment mal – Sie kommen mir so bekannt vor.«

»Vielleicht haben Sie mich im Fernsehen gesehen. Ich bin Nachrichtensprecherin auf Channel Seven.«

»Ach ja, genau. Ohne das Pult hab ich Sie wohl nicht erkannt.«

Olivia lächelte erneut.

»Ich mag Ihre Sendung.«

»Danke. Danke fürs Zusehen.«

Immerhin schaute sie nicht weg, doch Anthony merkte, dass er Gefahr lief, sie zu verlieren. Carlisle hatte ihm immer und immer wieder eingeschärft, wenn es um Frauen gehe, sei das Glück auf Seiten der Mutigen. Anthony wusste, welche Seite des Skripts jetzt dran war.

»Verzeihen Sie, aber Sie sind ungewöhnlich zauberhaft, und ich würde Sie gern zu einem Drink einladen. Würden Sie mir das erlauben?«

Er hatte es geschafft. Kein einziger Stolperer. Er war erleichtert. Wenigstens würde er jetzt immer wissen, dass er es versucht hatte.

»Wow. Das war ein nettes Kompliment. Ich – Sie – Das ist wirklich lieb von Ihnen. Klar. Warum nicht? Klar dürfen Sie mich zu einem Drink einladen.«

Sie wollte ein Bier. Er holte sich noch einen Whisky, dann setzten sie sich an einen Tisch für zwei in einer hinteren Ecke. Er konnte nicht widerstehen, einen Trinkspruch auszubringen, doch da er immer nervöser wurde, je realer die

Situation wurde, fiel ihm der Trinkspruch nicht mehr ein, auf den er und Carlisle verfallen waren, daher sagte er nur schwach: »Auf Patsy Cline.« Olivia lächelte und leckte sich die Lippen, als sie mit ihren Gläsern anstießen.

»Das haben Sie gesehen?«, fragte sie und wies auf die Bühne.

»Ja. Es war toll. Alle waren von Ihnen begeistert.«

»Die Leute waren nur nett.«

»Nein. Wir alle lieben Sie.«

Als er das gesagt hatte, verzog er das Gesicht, weil er wusste, dass das merkwürdig klang. Zum Glück schien es Olivia nicht zu bemerken. Wahrscheinlich tat sie es doch, dachte sich Anthony, doch die Wärme und Freundlichkeit, die sie auf dem Bildschirm ausstrahlte, waren im wirklichen Leben genauso vorhanden. Sie war eine wirklich nette Frau.

»Werden *Sie* auch noch singen?«, fragte sie.

»O mein Gott, bloß nicht.«

Sie lachte. Er wünschte, er könnte in ihrem Lachen wohnen. Da könnte sein persönlicher Himmel sein, im Lachen dieser Frau.

»Na los. Nicht mal ein bisschen James Taylor?«

Schuldgefühle setzten ihm zu. Doch wenn Carlisle nicht diese T-Shirt-Idee gekommen wäre, hätte das alles vielleicht nicht so gut funktioniert.

»Ganz ehrlich«, sagte Anthony, »mir fehlt der Mut, um da raufzugehen und zu singen. Nur zu reden reicht mir völlig.«

Wieder lachte Olivia. »Tja, ohne mir Mut anzutrinken, könnte ich das auch nicht.« Sie nahm einen Schluck aus ihrer Bierflasche.

Anthony beobachtete unwillkürlich ihren Mund. »Trinken Sie während der Nachrichtensendung?«, fragte er lachend.

»Nein. Das wäre aber lustig. Würde wahrscheinlich den Einschaltquoten guttun.«

»Was Sie tun, könnte ich nie und nimmer.«

»Na klar doch. Solange Sie von einem Teleprompter ablesen können.«

»Selbst daran würde ich scheitern. Seit der Unterstufe habe ich eine Heidenangst davor, etwas laut vorzulesen.«

»Echt? Sie meinen speziell davor, etwas laut vorzulesen?«

»Genau. Wenn der Lehrer mich aufforderte, etwas vorzulesen, wurde meine Stimme ganz zittrig. Es war so schlimm, dass ich mich weigerte, in die Schule zu gehen.«

Olivia senkte den Kopf verschwörerisch Richtung Tischplatte. »Ich hatte genau … dieselbe … Phobie.«

»Echt jetzt?«

»Ja. Ich hab einfach dagesessen und mich geduckt, vor lauter Angst, dass mein Name aufgerufen würde.«

»Ich auch. Aber Sie haben das offenbar komplett überwunden.«

»Stimmt. Doch auch jetzt noch denke ich während der Nachrichtensendung manchmal: Wie schaffe ich das nur?«

»Am College hatte ich mal einen Psychologieprof, der sagte uns, wir würden zu dem, wovor wir uns fürchten. Das habe ich nie vergessen. Weil Sie Angst davor hatten, laut vorzulesen, sind Sie vielleicht in diesem Beruf gelandet.«

»Das ist eine echt coole Idee.«

Während Olivia noch einen Schluck Bier nahm, hielt sie Blickkontakt. Anthony konnte nicht glauben, was da gerade geschah. Olivia schien sich an dem Gespräch interessiert zu beteiligen. Sie lächelte ihn an, während sie das Etikett von der Bierflasche abpulte, was Anthony überforderte, weshalb er wegschauen musste. Bei einem Blick quer durch den Raum sah er, dass Carlisle die anderen erfolgreich ablenkte, ihnen aus irgendeinem Grund seinen Nabel zeigte.

Anthony wandte sich wieder Olivia zu und erwartete beinahe, an ihrer Stelle eine Autowerbung zu sehen.

Doch er saß tatsächlich da und unterhielt sich mit Olivia Abbott. Er stellte sich vor, wie der Himmel sich zur Erde senkte und sie umschloss, den Planeten dann langsam in seinen unendlichen Schoß zog.

Anthony begann, Olivia persönliche Fragen zu stellen, worauf er sämtliche Antworten bereits kannte (Mutter war Lehrköchin, Vater Generalunternehmer, sie hatte einen älteren Bruder und ging gern joggen). Schließlich fragte sie: »Und, was machen Sie so?«

»Ich bin Drehbuchautor.«

»Oh. Was schreiben Sie denn?«

»Dramen und Komödien.«

»Ich lese wahnsinnig gern.«

»Ich auch. Es war enorm schwierig, den Durchbruch als Autor zu schaffen, aber kürzlich hat ein Studio mein letztes Skript optioniert, es scheint also aufwärtszugehen.«

»Oh, wow. Das ist toll!«

»Danke«, sagte er und drehte eine Locke um seinen Finger. »Ich hab keine Ahnung, was die mit mir wollen. Normalerweise arbeiten sie nur mit bekannten Autoren zusammen. Doch ich will mich nicht mit ihnen streiten.«

»Offenbar halten die wirklich etwas von dem, was Sie schreiben.«

»Na ja. Ich hatte einfach Glück.«

»Oh – das sollte ich mir anhören. Auf der Bühne ist gerade eine Freundin von mir.«

Sie hörten zu, wie ihre Freundin einen Song vortrug, den Anthony verabscheute, *Creep* von TLC. Als der Song zu Ende war, hatte Olivia ihr Bier mehr als zur Hälfte geleert.

»Und, was halten Sie von der Gegend?«, fragte Anthony.

»Die Menschen sind echt nett. Es ist ein wenig … klein, aber man hat mich gut aufgenommen. Und ich *mag* das hiesige Essen. Der beste Wels meines Lebens. Und die Grillrestaurants finde ich auch alle toll. Natürlich ist es eine regelrechte Folter, hier zu leben, weil ich mich beim Essen zurückhalten muss. Wie lange wohnen Sie schon hier?«

»Mein Leben lang. Ich arbeite immer noch dran, hier meinen Spaß zu haben.«

»Och, so schlimm ist es nicht.«

»Ich weiß. Ist es wirklich nicht. Nur, und besonders für junge Leute – ich will's mal so sagen … die Leute hier haben das dumpfe Gefühl, dass sich das Leben anderswo abspielt.«

Olivia nickte. Wie er es oft geprobt hatte, machte Anthony vor seinem nächsten Spruch eine Pause. »Aber dann sind da noch Sie. Sie erscheinen auf dem Bildschirm, lächeln uns an und zeigen uns die vielen Varianten, in denen das Leben *tatsächlich* direkt vor unseren Haustüren stattfindet. Ich bewundere wirklich, was Sie tun.«

»Vielen Dank. Das ist nett von Ihnen.«

»Hören Sie, Ihre Freunde sollen nicht glauben, ich hätte Sie entführt. Ich verstehe also, wenn Sie zu ihnen zurückgehen müssen, aber vorher muss ich Sie fragen: Möchten Sie irgendwann mal mit mir ausgehen?«

»Oh. Wow.«

Sein Puls wurde schneller. »Tut mir leid, wenn das zu direkt war. Ich hab nur Angst, Sie nie wiederzusehen.«

»Nein. Mich überrascht nur immer wieder, dass jemand mit mir ausgehen möchte.«

Anthony lachte. »Sie sind einfach hinreißend. Echt jetzt, sehen Sie sich doch mal an. Sehen Sie sich nur mal an.«

Sie errötete. Anthony wollte unbedingt ihr Gesicht berühren. Oder auch nur mit der Spitze seines Zeigefingers ihren Arm berühren, um sich zu vergewissern, dass sie da war.

»Na schön. Klar. Wir können irgendwann mal ausgehen.«

Mondlicht drang durch die Risse in der Decke und ergoss sich in jedermanns Knochen, und die Bar wurde zu einem seligen Karneval der Heiligen, als Olivia Abbott Anthony Dent ihre Telefonnummer gab.

»Ach du dickes Ei, Dent. Das ist ihre richtige Nummer.«

»Ganz sicher?«

»Klar bin ich mir sicher. Ich kenn sie auswendig, weil ich diese Nummer anrufe und sofort abspritze, wenn sie sich meldet.«

Im Wagen berichtete Anthony Carlisle, wie gut alles gelaufen war, und dankte ihm, weil er so viele seiner Ratschläge befolgt hatte.

»Dank mir nicht. Ich hätte nie gedacht, dass irgendwas davon wirklich klappen würde.«

»Hat es aber. Tut mir leid, dass ich je an dir gezweifelt habe.«

»Dann zweifle jetzt nicht an mir. Du musst noch mal zurück.«

»Wieso?«

»Machst du Witze? Du hast gerade einen tollen Lauf. Wirf das nicht weg. Wir wissen nicht, ob sie wirklich mit dir ausgehen wird. Geh da rein, und überrede sie, mit zu dir zu kommen.«

»Ich weiß nicht recht.«

»Alter, sie steht auf dich. Das hab ich von der anderen Seite des Raums gesehen. Geh da wieder rein, und komm zum Abschluss.«

»Aber ich habe schon alles gesagt, was du vorgeschlagen hast.«

»Ich gebe dir genaue Anweisungen, was du noch sagen musst. Lass mir einen Moment Zeit.«

»Aber ich bin gerade so glücklich wie noch nie. Ich will mein Glück nicht herausfordern.«

Carlisle brachte ihn zum Schweigen und strich sich durch die langen, fettigen Haare, als versuche er, sich eine Idee aus dem Schädel ziehen.

»Ich hab's. Ich weiß, was du sagen wirst. Erinnerst du dich an meine Idee mit den guten Nachrichten und den schlechten Nachrichten?«

»Ja.«

»Erzähl ihr davon. Sag, es sei deine Idee. Sie wird das lustig finden. Wenn du sie zum Lachen gebracht hast, frag sie, was sie später vorhat. Komm schon, Kleiner. Ich hab dich so weit gebracht. Ich bring dich auch ins Gelobte Land. Du musst mir vertrauen. Du *musst* ihr die Sache mit mit den guten Nachrichten und den schlechten Nachrichten erzählen. Und dass es *deine* Idee ist. Das ist entscheidend.«

Widerwillig ging Anthony wieder in die Bar. Am Tresen setzte er sich auf den Hocker, der den Toiletten am nächsten war, und bestellte noch einen Drink. Obwohl er ernste Bedenken hatte, wartete er geduldig, nahm noch einen Drink, bis Olivia wieder in seiner Nähe war. Dann sagte er: »Hi.«

»Aber hallo!«

»Ich wollte Ihnen einen Vorschlag machen.«

»In Ordnung.«

»Ich finde, ihr solltet gute Neuigkeiten ausschließlich in den Fünf-Uhr-Nachrichten bringen, dann schlechte Neuigkeiten nur um sechs. Es aufteilen und den Zuschauern eine Alternative bieten.«

Sofort verschwand Olivias Lächeln. Sie schaute weg und trat einen Schritt zurück.

Irritiert fuhr Anthony fort: »Be-bestimmt kriegt ihr für die schlechten Nachrichten höhere Einschaltquoten.«

Als hätte sie sich ein Lächeln abringen müssen, sagte sie: »Danke für den Vorschlag. Verzeihung.«

»Olivia?«, sagte Anthony zu dem brünetten Hinterkopf. Er erhob sich vom Tresen. »Habe ich etwas Falsches gesagt?«

Sie blieb stehen und drehte sich um. »Schreib mir nie wieder.«

»Aber ich habe dir *noch nie* geschrieben.«

»Was du gerade gesagt hast, war aus einem deiner Briefe.«

»Das war nicht – es war von – o mein Gott.« Schlagartig fiel ihm noch einer von Carlisles Wrestling-Begriffen ein: der sogenannte *Heel Turn* – ein guter Kämpfer verwandelt sich in einen Bösewicht. Wie könnte er das erklären? Er versuchte es jedenfalls. »Ich hab mal einen Typ kennengelernt, der mir von der Sache mit den guten und den schlechten Nachrichten erzählte, und ich dachte nur, du fändest das lustig. Das ist alles.«

»Was du gesagt hast, stand praktisch wortwörtlich in dem Brief.«

»Das ist alles ein Missverständnis. Bitte –«

»Ohh … Ich *dachte* schon, das laufe ein wenig zu glatt. Deshalb wusstest du genau, was du sagen musstest, weil du der Stalker bist, der mich verfolgt.«

»Das ist nicht wahr.«

»Du weißt also nicht alles über mich?«

»Ich stelle dir nicht nach.«

»Du hast mir in den letzten drei Monaten nicht tagtäglich abartige Briefe geschickt?«

»Nein! Bitte glaub mir. Bitte.«

»Nein. Du glaubst jetzt *mir*. Wenn du je wieder Kontakt zu mir aufnimmst oder wenn ich dich je *wiedersehe,* werde ich die Polizei verständigen und ein Kontaktverbot gegen dich erwirken.«

»Ich glaub das nicht.«

Entgeistert sah Anthony zu, wie Olivia umgehend zu ihren Freunden zurückging und auf ihn zeigte. In der Absicht, mit beiden Fäusten auf Carlisles knochiges Rattengesicht einzuschlagen, stürmte er aus der Bar. Er stellte sich vor, ihn mit den Handkanten zu bearbeiten, so wie er auf

Hackfleisch einschlagen würde. Einerseits war er erleichtert, als er herausfand, dass Carlisle nirgends zu sehen war, da er nun die Gewalt, die er in sich spürte, nicht auf die Welt loslassen würde. Er war immer der Meinung gewesen, es sei unpassend, dass eine so schöne Frau wie Olivia solche vor Gewalt strotzenden Nachrichten vortrug. Diese Frau sprach nur vom Tod.

Jetzt stellte sich das Problem, wie er nach Hause kam. Anders als in größeren Städten gab es hier keine Kneipen in fußläufiger Entfernung von Wohngebieten. Hier war alles weit verstreut.

Seine Wohnung lag fünfzehn Kilometer entfernt, und er wusste, dass er zu viel getrunken hatte, um noch zu fahren, auch wenn er in Versuchung geriet. Zum Teufel mit denen, dachte er. Es wurde Zeit, sie alle von der Straße zu drängen.

Doch er konnte nicht. Er stieg auf den vermüllten Rücksitz seines Grand Am und legte sich in Embryonalstellung hin. Er machte es sich für die Nacht bequem, legte den Kopf so nach hinten, dass er durch die Heckscheibe den Nachthimmel sah. Er konzentrierte sich auf den hellsten Stern.

»Ich weiß, wir müssen dir alle wie ein Haufen Niemande vorkommen. Besonders in dieser Scheißstadt. Aber dieser Niemand spricht und will, dass du zuhörst. Ist es inzwischen so weit gekommen? Dass ich auf einem Parkplatz in einem beschissenen James-Taylor-T-Shirt schlafe? Ganz ehrlich, manchmal kommt es mir so vor, als *wolltest* du, dass ich ein schlechter Mensch werde. Aber das bin ich nicht. Ich bin's nicht! Hörst du mich?!« Er spürte, wie die

Tränen zum Luftholen nach oben kommen wollten, unterdrückte sie aber wie üblich. »Du musst zugeben, manchmal kommst du als kaltherziger, alter Knacker rüber. Weißt du das? Du konntest dich einfach nicht für mich einsetzen. Nicht ein einziges Mal, stimmt's? Und ich versuche, so *gut* zu sein. Ich schwör's. Keine Ahnung, ob es an dir liegt oder an ihnen. Lenkst *du* meine Geschicke, oder tun das andere Menschen? Und selbst wenn es *Menschen* tun, packst du ihnen nicht die Ideen in den Kopf? O Herr, ich bin es so leid, Selbstgespräche zu führen. Ich bin es so leid, keine Antworten zu kriegen. Aber ich werde es weiter tun, hörst du mich? Mit dir und mit ihr und mit euch allen. Sie kann nicht verhindern, dass ich mit ihr rede, wenn sie auf dem Bildschirm erscheint. Und die Wahrheit ist, dass es mir so fast besser gefällt. Jawohl, Sir. Das ist so ziemlich die Wahrheit.«

Er verstummte, als er vor seinem Auto Frauengelächter hörte. Die Frauen klangen betrunken, albern und zauberhaft. Als sie sich einem langen Lachanfall hingaben, erlaubte Anthony es sich zu weinen. Er fing eine Träne mit der Fingerspitze auf und schmeckte sie. Sie schmeckte frisch und salzig, sogar süß. Er weinte noch mehr. Er überlegte, wie er wohl für seine toten Verwandten ausgesehen haben mochte, empfand aber nur Zärtlichkeit für sich selbst. Er weinte sogar noch mehr, was sich herrlich anfühlte. Er ließ die Tränen über seine Wangen rinnen, dann verschmierte er sie gleichmäßig über Gesicht und Stirn, als wären sie ein teurer Balsam, für den er gespart hatte, ein Geschenk für einen geliebten Menschen.

Im Jetzt

Pünktlich um vier erscheine ich zum Meditationskurs, mit dem hier jeder Tag beginnt. Eine Stunde lang sollen wir schweigend dasitzen, aber ich absolviere die Minuten, als wären es Meilen – sechzig brutale Meilen, die ich durchzustehen habe. Nach vierzehn Meilen/Minuten verliere ich die Nerven, mir zittern die Knie, und ich bin völlig frustriert. Was verständlich ist angesichts der Gespräche zwischen mir und meinem Geist beim Meditieren, die ungefähr so ablaufen:

Ich: Okay, meditieren wir also. Wenden wir uns unserem Atem zu und konzentrieren wir uns auf das Mantra. *Om Namah Shivaya. Om Namah Shiv…*

Geist: Ich kann dir helfen!

Ich: Okay, gut, Hilfe kann ich immer gebrauchen. Weiter also. *Om Namah Shivaya. Om Namah Shiv…*

Geist: Beim Ausdenken hübscher Meditationsbilder. Zum Beispiel … Stell dir vor, du wärst ein Tempel. Ein Tempel auf einer Insel! Und die Insel liegt im Meer!

Ich: Oh, das ist wirklich hübsch!

Geist: Danke schön. Ist auf meinem Mist gewachsen.

Ich: Aber an welches Meer hast du dabei gedacht?

Geist: Das Mittelmeer. Stell dir vor, du wärst eine von diesen griechischen Inseln, mit einem alten Tempel darauf. Nein, lass, das ist zu touristisch. Weißt du was? Vergiss das Meer. Meere sind zu gefährlich. Ich hab eine bessere Idee – stell dir vor, die Insel liegt in einem See.

Ich: Können wir jetzt vielleicht meditieren? *Om Namah Shiv...*

Geist: Ja! Natürlich! Aber stell dir bloß nicht vor, der See ist voller ... Wie heißen die Dinger ...?

Ich: Jet-Skis?

Geist: Genau! Jet-Skis! Die Dinger verbrauchen ja so viel Sprit! Sind wirklich eine Gefahr für die Umwelt! Weißt du, welche Geräte auch so viel Sprit verbrauchen? Laubbläser. Würde man nicht meinen, aber ...

Ich: Gut, gut, aber lass uns jetzt bitte *meditieren,* ja? *Om Namah...*

Geist: Genau, und ich werde dir dabei helfen. Weshalb ich dieses Bild von der Insel in einem See oder im Meer jetzt sofort vergesse, denn das funktioniert ja offensichtlich nicht. Stellen wir uns also vor, du wärst eine Insel in ... einem Fluss!

Ich: Oh, meinst du so etwas wie Bannerman Island im Hudson?

Geist: Ja! Genau! Super. Lass uns also – zu guter Letzt – über dieses Bild meditieren, stell dir vor, du wärst eine Insel in einem Fluss. All die Gedanken, die beim Meditieren vorübertreiben, sind natürliche Strömungen, die du ignorieren kannst, weil du eine Insel bist.

Ich: Warte, ich dachte, ich war ein Tempel.

Geist: Stimmt, tut mir leid. Du bist ein Tempel auf einer Insel. Aber eigentlich bist du beides, Tempel und Insel.

Ich: Bin ich auch der Fluss?

Geist: Nein, der Fluss, das sind nur die Gedanken.

Ich: Halt! Hör bitte auf! *Du machst mich völlig meschugge!*

Geist (verletzt): Tut mir leid. Ich hab ja nur helfen wollen.

Ich: *Om Namah Shivaya … Om Namah Shivaya …*

Hier tritt dann eine vielversprechende Pause von acht Sekunden ein. Dann aber …

Geist: Bist du jetzt sauer auf mich?

Und dann sperre ich japsend den Mund auf, als käme ich zum Luftholen an die Wasseroberfläche, und mein Geist hat gewonnen; ich reiße die Augen auf und gebe mich geschlagen. Tränenüberströmt. Ein Ashram sollte ein Ort sein, an dem man seine Meditationspraktiken perfektioniert, doch der Druck auf mich ist zu groß. Ich schaffe es nicht. Aber was soll ich tun? Jeden Tag nach vierzehn Minuten heulend aus dem Tempel laufen?

Heute Morgen habe ich es, statt dagegen anzukämpfen, einfach seinlassen. Hab aufgegeben. Mich an die Wand gelehnt. Der Rücken tat mir weh, ich hatte keine Kraft mehr, mein Geist flatterte vor Nervosität. Meine Yogastellung fiel in sich zusammen wie eine einstürzende Brücke. Ich nahm mir das Mantra vom Kopf (das wie ein unsichtbarer Amboss auf mir gelastet hatte) und stellte es neben mir auf den Boden. Und dann sagte ich zu Gott: »Es tut mir wirklich leid, aber näher komm ich dir heute einfach nicht.«

Die Lakota-Sioux nennen ein Kind, das nicht stillsitzen kann, ein halb entwickeltes Kind. Und in einem alten Sanskrittext heißt es: »An bestimmten Zeichen kannst du erkennen, ob die Meditation richtig durchgeführt wird, zum Beispiel daran, dass sich ein Vogel auf deinem Kopf niederlässt, weil er dich für einen unbeweglichen Gegenstand hält.« Das ist mir noch nicht passiert; doch in den darauf folgenden vierzig Minuten versuchte ich mich, gefangen in dieser Meditationshalle und meinen eigenen Scham- und Unzulänglichkeitsgefühlen, möglichst still zu verhalten, und beobachtete die Schüler um mich herum, wie sie dasaßen in ihren perfekten Haltungen, die perfekten Augen geschlossen hielten, ihre selbstzufriedenen Gesichter Ruhe ausstrahlten, während sie sich garantiert in irgendeinen perfekten Himmel versetzten. Eine unendliche Traurigkeit machte sich in mir breit, und gerne wäre ich in tröstliche Tränen ausgebrochen, kämpfte aber dagegen an, da ich mich an einen Ausspruch meiner Meisterin erinnerte, die einmal gesagt hatte, dass man sich nie einen Zusammenbruch erlauben solle, da sich das sonst zu einer Tendenz verfestigen könne und einem dann immer wieder passiere. Vielmehr müsse man üben, stark zu bleiben.

Aber ich fühlte mich nicht stark. Alles tat mir weh vor lauter Nichtswürdigkeit. Wer, fragte ich mich, war eigentlich »ich«, wenn ich mit meinem Geist Gespräche führte, und wer war der »Geist«? Ich dachte nach über die unbarmherzige, Gedanken verarbeitende, Seelen verschlingende Maschinerie meines Gehirns und fragte mich, wie um Himmels willen ich sie jemals beherrschen sollte. Dann erinnerte ich mich an den folgenden Satz aus dem Film *Der weiße Hai* und musste lächeln:

»Wir werden ein größeres Boot brauchen.«

*

Essenszeit. Ich sitze allein am Tisch und versuche, langsam und bewusst zu essen. Die Meisterin ermuntert uns immer zu diszipliniertem Essen. Wir sollen uns mäßigen und nicht schlingen, um die heiligen Flammen unseres Körpers nicht zu ersticken, weil wir zu schnell zu viel in unseren Verdauungstrakt befördern. (In Neapel, da bin ich mir ziemlich sicher, war meine Meisterin nie.) Wenn Schüler sich bei ihr darüber beklagen, dass ihnen das Meditieren schwerfalle, erkundigt sie sich stets nach ihrer Verdauung. Dass das mühelose Hinübergleiten in die Transzendenz Schwierigkeiten bereitet, wenn unsere Gedärme mit der Bewältigung einer Calzone, eines Pfunds Chicken Wings und einer halben Kokos-Sahne-Torte beschäftigt sind, ist ja nur logisch. Deshalb werden hier solche Köstlichkeiten gar nicht erst aufgetischt. Das Essen im Ashram ist vegetarisch, leicht und gesund. Und trotzdem lecker – sodass ich mich schwertue, es nicht hinunterzuschlingen wie ein Waisenkind. Hinzu kommt, dass es zu den Mahlzeiten stets ein Buffet gibt, und es ist mir nie leichtgefallen, einem zweiten oder dritten Vorstoß zu widerstehen, wenn herrliches Essen offen herumliegt, gut riecht und nichts kostet.

Also sitze ich ganz allein am Abendbrottisch und bemühe mich, meine Gabel im Zaum zu halten, als ich einen Mann mit seinem Tablett vorbeigehen sehe, der nach einem freien Platz Ausschau hält. Nickend bedeute ich ihm, dass er sich gern zu mir setzen kann. Ich habe den Burschen noch nie gesehen. Muss wohl ein Neuer sein. Der Fremde hat diesen coolen Gut-Ding-hat-Weile-Gang und bewegt sich mit der Autorität eines Grenzstadtsheriffs oder vielleicht auch eines Spielers, der sein Leben lang um hohe Einsätze gepokert hat. Dem Aussehen nach ist er zwischen fünfzig und sechzig, so wie er läuft, könnte er schon ein paar Jahrhunderte mehr auf dem Buckel haben. Er hat weißes Haar, einen weißen Bart, trägt ein kariertes Flanellhemd, hat breite Schultern und Riesenpranken, die den Eindruck erwecken, als könnten sie erheblichen Schaden anrichten, aber ein völlig entspanntes Gesicht.

Er setzt sich mir vis-à-vis und meint schleppend: »Mannomann, Moskitos hat's hier, groß genug, um sich an 'ner Henne zu vergehen.«

Ladys und Gentlemen, Richard aus Texas ist eingetroffen.

*

Von den vielen Jobs, die Richard aus Texas in seinem Leben schon hatte, sei hier nur eine kleine Auswahl genannt: Ölarbeiter, Lkw-Fahrer, erster Birkenstock-Händler in den Dakotas, Sackschüttler auf einer Mülldeponie (tut mir leid, aber ich hab hier wirklich nicht die Zeit zu erklären, was ein Sackschüttler ist), Straßenarbeiter, Gebrauchtwagenhändler, Soldat in Vietnam, »Waren«-Händler (wobei es sich bei der Ware in der Regel um Drogen handelte), Junkie und Alkoholiker (falls man das als Beruf bezeichnen kann), dann *gebesserter* Junkie und Alkoholiker (schon sehr viel respektabler), Hippie-Farmer in einer Kommune, Radiokommentator und schließlich ein geachteter und erfolgreicher Händler mit medizinischem High-End-Equipment (bis seine Ehe zerbrach, er alles seiner Ex überließ und »sich wieder den bankrotten weißen Arsch kratzte«). Inzwischen renoviert er alte Häuser in Austin.

»Einen richtigen Beruf hatte ich im Grunde nie«, sagt er. »Musste mich eigentlich immer irgendwie durchschlagen.«

Richard aus Texas ist keiner, der sich in Grübeleien verliert. Neurotisch würde ich ihn nicht nennen, *no Sir*. Ich bin es allerdings schon ein bisschen, deshalb schließe ich ihn zunehmend ins Herz. Dass Richard hier in diesem Ashram ist, gibt mir ein Gefühl von Sicherheit, das mich amüsiert. Die gewaltige Zuversicht, die er ausstrahlt, verscheucht meine Nervosität und erinnert mich daran, dass letztlich alles gut wird. (Und wenn nicht gut, dann wenigstens amüsant.) Erinnern Sie sich noch an den Comic-Gockel Foghorn Leghorn? Nun, Richard hat eine gewisse Ähnlichkeit mit ihm, und ich werde allmählich zu seinem geschwätzigen kleinen Kumpan, dem Hühnerhabicht. Oder in Richards eigenen Worten: »Ich und Groceries sind die ganze verdammte Zeit am Lachen.«

Groceries – Lebensmittel.

Das ist der Spitzname, den Richard mir gegeben hat. Schon am Abend, als wir uns kennenlernten und er sah, wie viel ich verdrücken kann, hat er ihn mir verpasst. Ich versuchte, mich zu verteidigen (»Ich habe bewusst langsam gegessen!«), aber der Name blieb mir.

Vielleicht wirkt Richard aus Texas nicht wie ein typischer Yogi. Aber meine Zeit in Indien hat mich bei der Beurteilung dessen, was einen typischen Yogi ausmacht, vorsichtiger werden lassen. (Von dem Milchbauern aus dem ländlichen Irland, den ich vorgestern getroffen habe, oder der ehemaligen Nonne aus Südafrika will ich gar nicht erst reden.) Richard ist zu diesem Yoga durch eine Exfreundin gekommen, die ihn von Texas bis zum New Yorker Ashram chauffierte, damit er unsere Meisterin reden hören konnte. »Der Ashram«, sagt Richard, »war für mich das Schrägste, was ich je erlebt hatte, und ständig hab ich mich gefragt, wo wohl das Zimmer ist, in dem sie dir dein ganzes Geld abknöpfen und du ihnen die Besitzurkunde für dein Haus aushändigen musst …«

Nach dieser Erfahrung, die etwa zehn Jahre zurücklag, ertappte sich Richard immer wieder beim Beten. Seine Gebete kreisten immer um dasselbe. Immer wieder bekniete er Gott: »Bitte, bitte, bitte öffne mein Herz.« Mehr wollte er nicht – nur ein offenes Herz. Und sein Gebet um ein offenes Herz beendete er stets mit der Bitte: »Und gib mir ein Zeichen, wenn es so weit ist.« Heute sagt er in der Erinnerung an diese Zeit: »Pass auf, worum du betest, Groceries, denn vielleicht kriegst du's ja.« Nachdem Richard ein paar Monate lang ständig um ein offenes Herz gebetet hatte, bekam er …, raten Sie mal, was. Genau! Eine Notoperation am offenen Herzen. Sein Brustkorb wurde buchstäblich aufgeknackt, die Rippen klafften auseinander, damit endlich ein bisschen Tageslicht in sein Herz fiel, als ob Gott sagen wollte: »Na, was sagst du zu meinem Zeichen?« Inzwischen sei er mit seinen Gebeten vorsichtiger geworden. »Wann immer ich heutzutage um etwas bete, sage ich zum Abschluss: ›Oh, und noch was, Gott! Bitte sei nett zu mir, okay?‹«

»Was soll ich an meiner Meditationspraxis ändern?«, frage ich Richard eines Tages, als er mir beim Tempel-Schrubben zuschaut. (Er hat Glück – er arbeitet in der Küche und muss sich erst eine Stunde vor dem Abendessen dort blicken lassen. Aber er sieht mir gerne beim Schrubben des Tempelbodens zu. Er findet es lustig.)

»Warum musst du was ändern, Groceries?«

»Weil ich sauschlecht bin.«

»Wer sagt das?«

»Meine Gedanken geben einfach keine Ruhe.«

»Denk an das, was die Meisterin uns gesagt hat: Wenn du dich hinsetzt in der reinen Absicht zu meditieren, geht dich, was danach passiert, nichts mehr an. Warum verurteilst du also deine Erfahrung?«

»Weil das, was mir beim Meditieren passiert, unmöglich sein kann, worum es bei diesem Yoga geht.«

»Groceries, Süße – du hast ja keine *Ahnung*, was sich da drinnen abspielt.«

»Ich habe nie Visionen, nie irgendwelche Transzendenzerlebnisse …«

»Willst du hübsche Farben sehen? Oder willst du die Wahrheit über dich wissen? Worum geht's dir?«

»Anscheinend streite ich mich, wenn ich zu meditieren versuche, nur mit mir selbst.«

»Das ist bloß dein Ego, das alles unter Kontrolle behalten will. Dein Ego macht nämlich Folgendes: Es bewirkt, dass du dich isoliert und gespalten fühlst, versucht dir weiszumachen, dass du unzulänglich und kaputt und allein bist statt ganz und heil.«

»Aber was bringt mir das?«

»Nichts bringt es dir. Dein Ego ist nicht da, um dir was zu bringen. Es ist nur dazu da, um sich an der Macht zu halten. Und zurzeit steht es Todesängste aus, weil es nämlich demnächst eins auf den Deckel kriegen soll. Mach weiter so, Süße, und die Tage dieses Schurken sind gezählt. Nicht mehr lange, dann ist dein Ego arbeitslos, und dein Herz trifft alle Entscheidungen. Dein Ego kämpft also um sein Leben, treibt seine Spielchen mit deinem Geist, versucht, sich zu behaupten, will dich in einen Zwinger und vom Rest des Universums wegsperren. Ignorier es einfach!«

»Und wie macht man das?«

»Schon mal versucht, einem Zweijährigen sein Spielzeug wegzunehmen? Das mögen Kinder in dem Alter nicht. Da treten sie und schreien. Die beste Methode, einem Kind sein Spielzeug wegzunehmen, ist Ablenkung. Es auf andere Gedanken zu bringen. Gib deinem Geist was Besseres zu spielen, statt dir bestimmte Gedanken zu verbieten. Etwas Gesünderes.«

»Zum Beispiel?«

»Liebe, Groceries. Zum Beispiel reine göttliche Liebe.«

*

Der tägliche Aufenthalt in der Meditationshöhle sollte ja eigentlich *die* Zeit der Zwiesprache mit dem Göttlichen sein, aber neuerdings schrecke ich davor zurück, wie es mein Hund immer tat, wenn wir die Tierarztpraxis betraten (denn egal, wie freundlich dort alle waren, er wusste, dass letztlich alles auf einen unsanften Stoß mit einem medizinischen Gerät hinauslief). Aber nach meinem letzten Gespräch mit Richard aus Texas werde ich heute Morgen mal etwas Neues ausprobieren. Ich nehme die Meditationshaltung ein und sage zu meinem Geist: »Hör zu. Ich weiß, dass du ein bisschen Angst hast. Aber ich verspreche dir, dich nicht in die Pfanne zu hauen. Ich will dir nur eine Erholungspause verschaffen. Ich liebe dich.«

Zwei Tage zuvor hatte mir ein Mönch verraten: »Das Herz ist der Erholungsort des Geistes. Das Einzige, was der Geist den lieben langen Tag zu hören bekommt, sind dröhnende Glocken und Lärm und Gezänk, obwohl er sich doch nach nichts anderem sehnt als nach Ruhe. Und der einzige Ort, an dem der Geist je Frieden finden kann, liegt in der Stille des Herzens. Da musst du hingehen.«

Ich probiere nun auch ein anderes Mantra aus. Eines, mit dem ich in der Vergangenheit Glück hatte. Es ist ganz einfach, besteht nur aus zwei Silben:

Ham-sa.

Im Sanskrit bedeutet es: »Ich bin Das.«

Ham-sa, sagen die Yogis, sei das natürlichste Mantra – das Mantra, das uns Gott schon vor unserer Geburt geschenkt hat. Denn *Ham-sa* ist das Geräusch unseres Atems. *Ham* beim Einatmen, *Sa* beim Ausatmen. Solange wir leben, wiederholen wir es mit jedem Atemzug. Ich bin Das. Ich bin göttlich, ich bin bei Gott, ich bin ein Ausdruck des Göttlichen, ich bin nicht isoliert, nicht allein. *Ham-sa* fand ich immer leicht und entspannend. Viel leichter zum Meditieren als *Om Namah Shivaya,* das »offizielle« Mantra dieses Yogas. Aber ich hab mich vorgestern mit besagtem Mönch unterhalten, und er riet mir, ich solle einfach *Ham-sa* verwenden, wenn es mir beim Meditieren helfe. »Meditier auf alles«, meinte er, »was eine Revolution in dir auslöst.«

Also sitze ich heute mit ihm da.

Ham-sa.

Ich bin Das.

Gedanken kommen, aber ich beachte sie nicht weiter, außer dass ich sie auf fast mütterliche Weise abwimmle: »Oh, euch Scherzkekse kenn ich … Geht raus zum Spielen … Mami muss Gott zuhören.«

Ham-sa.

Ich bin Das.

Ich döse eine Weile – oder was auch immer. (Beim Meditieren weiß man nie so genau, ob das, was man für Schlaf hält, tatsächlich Schlaf ist; manchmal ist es nur eine andere Bewusstseinsebene.) Wenn ich erwache oder was auch immer, spüre ich, wie diese weiche blaue elektrische Energie in Wellen durch meinen Körper pulsiert. Ein bisschen beunruhigend ist das, aber auch verblüffend. Ich weiß nicht, was ich tun soll, also rede ich mit dieser Energie. »Ich glaube an dich«, sage ich zu ihr, und als Reaktion darauf wird sie geballter. Schrecklich mächtig ist sie inzwischen und raubt mir buchstäblich alle Sinne. Summt vom unteren Ende meiner Wirbelsäule nach oben. Mein Hals fühlt sich an, als wollte er sich strecken und drehen, und ich nehme die allerseltsamste Sitzhaltung ein – kerzengerade wie ein guter Yogi, nur dass ich das eine Ohr fest auf die linke Schulter presse. Ich weiß nicht, warum mein Hals und mein Kopf sich derart verrenken, aber ich werde mich nicht mit ihnen streiten; sie wollen es so. Die hämmernde blaue Energie stampft weiter durch meinen Körper, und eine Art Trommelgeräusch klingt in meinen Ohren; es ist jetzt so stark, dass ich es wirklich nicht mehr aushalten kann. Es macht mir derartig Angst, dass ich zu ihm sage: »Ich bin noch nicht bereit!«, und schnell die Augen aufschlage. Alles verschwindet. Ich bin wieder in einem Raum, wieder in der vertrauten Umgebung. Ich schaue auf meine Uhr. Fast eine Stunde lang war ich hier – oder sonst wo.

Und ich hechele. Hechele buchstäblich.

*

Um zu verstehen, was es mit dieser Erfahrung auf sich hat, was »da drinnen« geschehen ist (sowohl »in der Meditationshöhle« als auch »in mir«), muss man sich einem ziemlich esoterischen Thema zuwenden – nämlich der *Kundalini Shakti*.

In allen Religionen der Welt gibt es seit jeher Gruppen von Gläubigen, die eine direkte, transzendente Gotteserfahrung suchen und sich von Dogmentreue und Schriftgelehrsamkeit distanzieren, um Gott persönlich zu begegnen. Das Interessante an diesen sogenannten Mystikern ist, dass sie bei der Schilderung ihrer Erlebnisse letztlich alle dieselbe Erfahrung beschreiben.

Gewöhnlich vollzieht sich die Vereinigung mit Gott in einem meditativen Zustand und wird durch eine Energiequelle bewirkt, die den ganzen Körper mit einem euphorisierenden, elektrisierenden Licht erfüllt. Diese Energie nennen die Japaner *ki*, chinesische Buddhisten bezeichnen sie als *chi*, bei den Balinesen heißt sie *taksu*, bei den Christen »Heiliger Geist« und bei den Buschmännern der Kalahari *num* (ihre heiligen Männer schildern sie als schlangengleiche Macht, die im Rückgrat aufsteigt und ein Loch in den Kopf bläst, durch welches die Götter Eingang finden). Die islamischen Sufi-Dichter bezeichneten die göttliche Energie als »die Geliebte« und verfassten religiöse Gedichte auf sie. Die australischen Aborigines beschreiben sie als eine Schlange am Himmel, die in den Medizinmann herabsteigt und ihm überirdische Kräfte verleiht. In der jüdischen Kabbala heißt es, dass diese Vereinigung mit dem Göttlichen sich über Stufen des spirituellen Aufstiegs vollziehe und mittels einer Energie, die entlang einer Reihe unsichtbarer Meridiane durch das Rückgrat verläuft.

Die mystischste unter all den Gestalten des Katholizismus, die heilige Teresa von Ávila, beschrieb ihre Vereinigung mit Gott als den körperlichen Aufstieg des Lichts durch sieben innere »Wohnungen« ihres Seins, um danach zu Gottes Gegenwart durchzubrechen. Immer wieder geriet sie in so tiefe meditative Trancen, dass die anderen Nonnen ihren Puls nicht mehr fühlen konnten. Immer wieder bat sie ihre Mitschwestern, niemandem zu erzählen, was sie gesehen hatten, da es »ein gar außerordentlich Ding sei und wahrscheinlich beträchtliches Gerede zur Folge hätte« (von einer möglichen Unterredung mit dem Inquisitor ganz zu schweigen). Die größte Herausforderung, schrieb die Heilige in ihren Erinnerungen, bestehe darin, bei der Meditation nicht den Intellekt zu wecken, denn alle Bewegungen des Geistes – sogar die inbrünstigsten Gebete – löschten den göttlichen Brand. Sobald der lästige Verstand »beginnt, Reden zu verfassen und Argumente zu erdenken, vor allem, wenn diese klug sind, wird er sich alsbald einbilden, er tue wichtige Arbeit«. Könne man diese Gedanken jedoch überwinden – so Teresa – und steige zu Gott empor, so sei da »glorreiche Verwirrung, ein himmlischer Wahnsinn, in welchem man wahre Weisheit erlangt«. Ohne es zu ahnen, gab Teresa Gedichte des persischen Sufi-Mystikers Hafis wieder (der fragte, warum wir angesichts eines so hemmungslos liebenden Gottes nicht alle grölende Besoffene seien), als sie in ihrer Autobiografie herausschrie: Wenn diese Erfahrungen Tollheit seien, dann »flehe ich dich an, Vater, lass uns alle toll sein!«.

In den folgenden Sätzen ihres Buches ist es, als wollte sie verschnaufen. Liest man heute die heilige Teresa, spürt man fast, wie sie aus dieser delirierenden Erfahrung heraustritt, dann einen Blick auf ihre Umgebung und das politische Klima des mittelalterlichen Spaniens wirft (wo sie unter einer der repressivsten religiösen Tyranneien der Geschichte lebte) und sich nüchtern und pflichtbewusst für ihre Erregung entschuldigt. »Vergebt mir, dass ich so kühn war«, schreibt sie und wiederholt, dass man all ihr schwachsinniges Geplapper ignorieren solle, weil sie natürlich nur eine Frau und ein Wurm und verächtliches Ungeziefer sei und so weiter. Man kann fast sehen, wie sie ihre Schwesterntracht glättet und die letzte lose Haarsträhne zurückstreicht – ihr göttliches Geheimnis, das heimlich lodernde Feuer.

In der yogischen Tradition Indiens heißt dieses göttliche Geheimnis *Kundalini Shakti* und wird als Schlange abgebildet, die aufgerollt am unteren Ende der Wirbelsäule ruht, bis sie durch Berührung eines Meisters oder durch ein Wunder erwacht, durch die sieben Chakren oder Räder (die man auch die sieben Seelenwohnungen nennen könnte) aufsteigt und schließlich den Scheitel durchbricht und in die Gottesvereinigung explodiert. Im sichtbaren Körper, sagen die Yogis, existieren diese Chakren nicht, man solle sie dort also auch nicht suchen; sie existieren nur im sublimierten Körper, dem Leib, auf den sich die buddhistischen Lehrer beziehen, wenn sie ihre Schüler ermuntern, ein neues Selbst aus dem physischen Körper zu ziehen, wie man ein Schwert aus der Scheide zieht. Mein Freund Bob, der sowohl Yogaschüler als auch Hirnforscher ist, hat mir erzählt, dass ihn die Vorstellung der Chakren schon immer aus der Fassung gebracht habe, dass er sie in einem sezierten menschlichen Körper wirklich sehen wollte, um zu glauben, dass sie existierten. Doch nach einer besonders eindringlichen Transzendenzerfahrung in der Meditation gelangte er zu einem neuen Verständnis. »Genauso wie es beim Schreiben eine buchstäbliche und eine poetische Wahrheit gibt«, sagte er, »besitzt auch der menschliche Körper eine buchstäbliche und eine poetische Anatomie. Die eine sieht man, die andere nicht. Die eine besteht aus Knochen, Zähnen und Fleisch, die andere aus Energie, Gedächtnis und Glauben. Wahr aber sind sie beide.«

Ich mag es, wenn sich zwischen Wissenschaft und Religion Berührungspunkte ergeben. Kürzlich entdeckte ich in der *New York Times* einen Artikel über ein Team von Neurologen, die einen tibetanischen Mönch – als Freiwilligen für einen experimentellen Gehirn-Scan – an alle möglichen Drähte anschlossen. Sie wollten sehen, was, wissenschaftlich betrachtet, mit einem transzendierenden Geist im Augenblick der Erleuchtung geschieht. Im Gehirn eines denkenden Menschen tobt fortwährend ein Sturm von elektrischen Impulsen, der sich in einem Gehirn-Scan in Form gelber und roter Blitze niederschlägt. Je wütender oder leidenschaftlicher der Betreffende wird, umso heftiger leuchten die roten Blitze. Mystiker aller Zeiten und Kulturen hingegen haben eine Besänftigung des Gehirns während der Meditation konstatiert und die vollständige Vereinigung mit Gott als blaues Licht beschrieben, das sie von der Mitte ihres Schädels ausstrahlen sehen. In der yogischen Tradition nennt man dieses Licht »die blaue Perle«, und sie zu finden ist das Ziel aller Suchenden. Selbstverständlich war dieser tibetanische Mönch, dessen Meditation man am Monitor überwachte, in der Lage, seinen Geist so vollständig zu beruhigen, dass keine roten oder gelben Blitze mehr zu sehen waren. Tatsächlich war die gesamte neurale Energie dieses Mannes zusammengeflossen und hatte sich schließlich in der Mitte seines Gehirns – man konnte es auf dem Bildschirm unmittelbar verfolgen – zu einer kleinen Perle aus blauem Licht versammelt. Genau wie die Yogis es immer beschrieben haben.

Dies ist die Bestimmung der *Kundalini Shakti.*

Im mystischen Indien wie auch in vielen schamanistischen Traditionen wird die *Kundalini Shakti* als gefährliche Kraft betrachtet – falls Sie unbeaufsichtigt mit ihr herumspielen; der unerfahrene Yogi kann dabei buchstäblich durchdrehen. Man braucht einen Lehrer – einen *Guru* –, der einen auf diesem Weg begleitet, und idealerweise auch einen sicheren Ort – einen *Ashram* –, an dem man sich diese Praktiken aneignen kann. Die Berührung des Gurus (ob persönlich oder mittels einer eher übernatürlichen Begegnung, wie in einem Traum), heißt es, befreie die am unteren Ende der Wirbelsäule aufgerollte, gebundene *Kundalini*-Energie, sodass sie nach oben, zu Gott, zu wandern beginne. Der Augenblick dieser Freisetzung heißt *Shaktipat,* göttliche Initiation, und ist die größte Gabe eines erleuchteten Meisters. Zwar kann sich der Schüler nach dieser Berührung noch immer jahrelang quälen, aber die Reise in Richtung Erleuchtung hat begonnen. Die Energie ist freigesetzt.

Ich habe die *Shaktipat*-Initiation vor zwei Jahren empfangen, als ich meine Meisterin – daheim in New York – zum ersten Mal traf. Es war während eines Einkehrwochenendes in ihrem Ashram in den Catskills. Offen gestanden, hatte ich im Anschluss daran keine besonderen Gefühle. Irgendwie hatte ich auf eine verblüffende Begegnung mit Gott gehofft, vielleicht auf ein paar blaue Blitze oder eine prophetische Vision, aber ich klopfte mich auf besondere Effekte ab und fühlte mich nur irgendwie hungrig, wie immer. Damals dachte ich, dass es mir wahrscheinlich am Glauben fehlte, um je etwas wirklich Ungestümes wie die entfesselte *Kundalini Shakti* zu erleben. Dachte, dass ich zu verkopft sei, nicht intuitiv genug, und dass mein Erbauungspfad wahrscheinlich eher intellektuell als esoterisch sein würde. Ich würde beten, Bücher lesen, interessante Gedanken haben, aber wahrscheinlich nie die Stufe göttlich-meditativer Seligkeit erklimmen, die die heilige Teresa beschreibt. Aber das war schon okay. Ich liebte die religiösen Übungen. Nur die *Kundalini Shakti* würde mir eben vorenthalten bleiben.

Am nächsten Tag aber geschah etwas Interessantes. Wieder waren wir alle um die Meisterin versammelt. Sie leitete die Meditation, und inmitten von alledem schlief ich ein (oder was auch immer) und hatte einen Traum. In diesem Traum befand ich mich an einem Strand, am Meer. Die Wellen waren riesig und beängstigend und türmten sich immer höher. Plötzlich tauchte ein Mann neben mir auf. Es war der Guru meiner Meisterin – ein großer charismatischer Yogi, den ich hier nur als *Swamiji* (das Sanskritwort für »geliebter Mönch«) bezeichnen werde. Swamiji war 1982 gestorben. Ich kannte ihn nur von den Fotos, die überall im Ashram hingen. Aber auf den Fotos wirkte er immer ein bisschen zu beängstigend, ein bisschen zu mächtig und zu hitzig. Lange Zeit mied ich den Blick, mit dem er von den Wänden auf mich herabstarrte. Er war irgendwie überwältigend. Nicht meine Sorte Guru. Stets hatte ich meine schöne, mitfühlende Meisterin dieser toten (und immer noch grimmigen) Gestalt vorgezogen.

Jetzt aber war Swamiji in meinem Traum, stand mit all seiner Macht neben mir am Strand. Ich hatte entsetzliche Angst. Er deutete auf die heranrollenden Wellen und sagte streng: »Denk dir etwas aus, damit *das* nicht mehr passiert!« Panisch kramte ich ein Notizbuch hervor und versuchte, Erfindungen zu skizzieren, die den Vormarsch der Wellen stoppen sollten. Ich zeichnete gewaltige Deiche, Kanäle und Dämme. Aber all meine Entwürfe waren so lächerlich und sinnlos. Ich wusste, dass ich hier absolut fehl am Platz war (ich war keine Ingenieurin!), aber ich spürte, wie Swamiji mich ungeduldig und missbilligend beobachtete. Schließlich gab ich auf. Keine meiner Erfindungen war genial genug, um diese Wellen aufzuhalten.

Und da hörte ich Swamiji lachen. Ich blickte auf zu diesem winzigen Inder in seinen orangefarbenen Gewändern, und wahrhaftig, er platzte fast vor Lachen, krümmte sich vor Begeisterung und wischte sich Freudentränen aus den Augen.

»Sag mir, meine Liebe« – er deutete auf den mächtigen,

endlos wogenden Ozean –, »sag mir bitte, wie genau *du dem* Einhalt gebieten willst.«

*

Zwei Nächte hintereinander habe ich jetzt schon geträumt, dass eine Schlange in mein Zimmer kommt. In spiritueller Hinsicht, habe ich gelesen, ist das ein günstiges Omen (und nicht nur in den östlichen Religionen; auch der heilige Ignatius von Loyola zum Beispiel hatte immer wieder Schlangenvisionen), was aber den Schlangen nichts von ihrer Lebendigkeit und ihrem Schrecken nimmt. Schwitzend erwache ich. Schlimmer noch, sobald ich wach bin, beginnt mein Verstand mich aufs Neue in Panik zu versetzen, wie ich es seit den schlimmsten Phasen meiner Scheidungsjahre nicht mehr erlebt habe. Immer wieder eilen die Gedanken zurück zu meiner gescheiterten Ehe und all der damit verbundenen Scham und Wut. Ja, schlimmer, ich befasse mich wieder mit David. Führe Streitgespräche mit ihm, bin zornig und einsam und erinnere mich an alles Verletzende, das er je gesagt oder mir angetan hat. Mehr noch, ich kann nicht aufhören, an das gemeinsam erlebte Glück zu denken, das erregende Delirium unserer guten Zeiten. Ich kann mich gerade noch davon abhalten, aus dem Bett zu springen und ihn mitten in der Nacht aus Indien anzurufen und dann … einfach den Hörer aufzulegen, wahrscheinlich. Oder ihn anzuflehen, meine Liebe zu erwidern. Oder ihn wüst zu beschimpfen und ihm all seine Fehler und Macken um die Ohren zu hauen.

Ich dachte, ich hätte mit meinem Exmann und mit David

längst abgeschlossen. Warum kommt das alles jetzt wieder hoch?

Ich weiß schon, was sie sagen würden, all die Altgedienten in diesem Ashram. Sie würden sagen, das sei völlig normal, dass jeder das durchmacht, dass intensive Meditation eben alles wieder hochbringt, dass man lediglich seine restlichen Dämonen austreibt … Aber in meiner gegenwärtig Gemütsverfassung kann ich es nicht ertragen und will niemandes Hippie-Theorien hören. Alles kommt wieder hoch, vielen herzlichen Dank. So wie Essen wieder hochkommt, wenn einem übel ist.

Irgendwie schaffe ich es, wieder einzuschlafen, und habe noch einen Traum. Keine Schlangen begegnen mir diesmal, sondern ein sehniger, böser Hund, der mich verfolgt und blafft: »Ich werde dich töten. Ich werde dich töten und auffressen!«

Zitternd und tränenüberströmt wache ich auf. Da ich meine Zimmergenossinnen nicht stören will, verziehe ich mich ins Bad. Das Bad, immer wieder das Bad! Gott helfe mir, aber jetzt hocke ich wieder auf einem Badezimmerfußboden, und wieder mitten in der Nacht, und heule mir vor Einsamkeit die Augen aus. Oh kalte Welt – wie satt ich dich und deine schrecklichen Badezimmer doch habe.

Als das Heulen nicht aufhören will, hole ich mir ein Notizbuch und einen Kugelschreiber (letzte Zuflucht einer Kanaille) und setze mich wieder neben die Toilette. Ich schlage eine leere Seite auf und kritzele meinen inzwischen schon vertrauten Appell darauf: *Ich brauche deine Hilfe.*

Dann atme ich tief und erleichtert aus, als mein treuer Freund (wer *ist* das bloß?) mir zur Seite springt: »Ich bin ja da. Alles wird gut. Ich liebe dich. Ich werd dich nie im Stich lassen ...«

*

Die Meditation am nächsten Morgen ist ein Desaster. Verzweifelt bitte ich meinen Geist, Platz zu machen, damit ich Gott finden kann, aber mein Geist fixiert mich mit eiserner Entschlossenheit und verkündet: »*Nie* werde ich zulassen, dass du mich übergehst.«

Tatsächlich bin ich den ganzen nächsten Tag über so unausstehlich und wütend, dass ich um das Leben eines jeden fürchte, der mir über den Weg läuft. Ich blaffe diese arme Deutsche an, weil sie mich nicht versteht, als ich ihr auf Englisch erkläre, wo der Buchladen ist. Ich bin so beschämt über meinen Ausbruch, dass ich mich (wieder einmal!) flennend in einem Badezimmer verstecke und anschließend furchtbar wütend auf mich bin, weil ich mich an den Rat meiner Meisterin erinnere, nicht andauernd zusammenzubrechen, weil es einem sonst zur Gewohnheit wird ... Aber was weiß sie schon davon? Schließlich ist sie erleuchtet. Sie kann mir nicht helfen. Und mich verstehen schon gar nicht.

Ich will mit keinem reden. Ich kann jetzt niemanden ertragen. Ich schaffe es sogar, Richard aus Texas eine Weile aus dem Weg zu gehen, bis er mich beim Abendessen schließlich entdeckt und sich – mutiger Mann – in die Rauchschwaden meines Selbsthasses setzt.

»Warum kapselst du dich plötzlich so ab?«, fragt er in seinem schleppenden Singsang – Zahnstocher im Mund, wie immer.

»Frag nicht«, sage ich, fange aber an zu reden, erzähle ihm alles und ende mit den Worten: »Und das Schlimmste ist, dass ich von David einfach nicht loskomme. Ich dachte, ich wär über ihn hinweg, aber jetzt kommt alles wieder hoch.«

»Gib dir noch ein halbes Jahr Zeit, dann geht's dir besser«

»Ich hab mir schon ein Jahr Zeit gelassen, Richard.«

»Dann gib dir noch ein halbes. Schlag immer noch ein halbes drauf, bis es vorbei ist. So was braucht seine Zeit.«

Erregt wie ein Stier schnaube ich durch die Nase.

»Groceries«, sagt Richard, »hör mir zu. Eines Tages wirst du auf diese Zeit zurückblicken und sie als liebliche Leidensphase betrachten. Du wirst erkennen, dass man dir das Herz gebrochen hat, dass du Trübsal geblasen hast, aber du wirst auch erkennen, dass sich dein Leben verändert hat und dass diese Veränderung an einem schönen Ort der Andacht eingetreten ist, umgeben von Gnade. Nimm dir diese Zeit, jede einzelne Minute. Lass zu, dass sich das alles hier in Indien lösen kann.«

»Aber ich hab ihn wirklich geliebt.«

»Na und? Hast dich also verliebt. Begreifst du nicht, was passiert ist? Der Kerl hat was Tieferes in deinem Herzen angerührt, als du's je für möglich gehalten hattest, ich meine, er hat dir 'ne Dröhnung verpasst, Mädel. Aber diese Liebe, die du gespürt hast, das ist nur der Anfang. Das war nur eine Kostprobe. Das ist nur die kleine lausige beschränkte sterbliche Liebe. Warte, bis du begreifst, wie viel inniger du lieben kannst. Zum Teufel, Groceries – du bist fähig, eines Tages die ganze Welt zu lieben. Das ist deine Bestimmung. Lach nicht.«

»Ich lache nicht.« Tatsächlich weinte ich. »Und lach du

jetzt bitte auch nicht, aber ich glaube, dass es so schwer für mich ist, über diesen Kerl hinwegzukommen, weil ich überzeugt war, dass David mein Seelenfreund ist.«

»Wahrscheinlich war er das. Das Problem ist, du verstehst nicht, was das Wort bedeutet. Die Leute meinen, ein Seelenfreund sei jemand, der perfekt zu einem passt, und genau das wünschen sich alle. Aber ein wirklicher Seelenfreund ist ein Spiegel, ist der Mensch, der dir alles zeigt, was dich hemmt, der dir zeigt, wer du bist, damit du dein Leben ändern kannst. Ein wahrer Seelenfreund ist wahrscheinlich der wichtigste Mensch, den du je treffen wirst, weil er deine Mauern niederreißt und dich ohrfeigt, bis du aufwachst. Aber immerzu mit einem Seelenfreund leben? Nein. Zu anstrengend. Seelenfreunde treten in unser Leben, nur um eine weitere Schicht unserer Seele aufzudecken, dann verschwinden sie wieder. Gott sei Dank. Dein Problem ist, dass du den da einfach nicht loslassen kannst. Es ist vorbei, Groceries. Seine Aufgabe war's, dich aufzurütteln, dich aus dieser Ehe, die du hinter dir lassen musstest, rauszuholen, dein Ego ein bisschen aufzumischen, dir deine Widerstände und Abhängigkeiten aufzuzeigen, dein Herz ein bisschen aufzureißen, damit neues Licht reinfällt, dich *so* verzweifelt zu machen und *so* durchdrehen zu lassen, dass du dein Leben ändern musstest, dich dann noch bei deiner spirituellen Meisterin einzuführen und *abzuhauen*. Das war sein Job, und er hat ihn großartig erledigt, aber jetzt ist es vorbei. Das Problem ist, du kannst einfach nicht akzeptieren, dass dieser Beziehung nur eine kurze Haltbarkeit beschieden war. Du bist wie ein Hund auf der Müllkippe – du leckst an einer leeren Konservenbüchse und versuchst, doch noch was Nahrhaftes in ihr zu finden. Aber wenn du nicht aufpasst, klemmst du dir dabei die Schnauze ein und machst dich unglücklich für den Rest deines Lebens. Also lass es.«

»Aber ich vermisse ihn so.«

»Dann vermiss ihn halt. Schick ihm jedes Mal, wenn du an ihn denkst, liebe Grüße und 'nen Lichtstrahl, und lass ihn wieder los. Du hast nur Angst, von diesen letzten David-Stückchen abzulassen, weil du dann tatsächlich allein bist, und Liz Gilbert hat eine Heidenangst vor dem, was passieren könnte, wenn sie wirklich allein ist. Aber eins musst du kapieren, Groceries. Wenn du diesen Platz in dir, den du jetzt dafür verschwendest, dich mit diesem Kerl zu beschäftigen, ausmistest, dann hast du dort ein Vakuum, eine offene Stelle – eine Türöffnung. Und rate mal, was das Universum mit dieser Öffnung anstellen wird? Es wird hineinrasen, Gott wird hineinstürmen und dich mit mehr Liebe erfüllen, als du's dir je erträumt hast. Also hör auf, mit David diese Tür zu blockieren.«

»Aber ich wünsche mir, dass David und ich –«

Er schneidet mir das Wort ab. »Schau mal, das ist dein Problem. Du wünschst dir zu viel, Baby. Du musst aufhören, statt mit einem Rückgrat mit einer Wünschelrute rumzulaufen.«

Bei diesem Satz muss ich zum ersten Mal an diesem Tag lachen.

Dann frage ich Richard: »Wie lange wird es also dauern, bis dieses ganze Leiden endlich aufhört?«

»Willst du ein genaues Datum?«

»Ja.«

»Einen Tag, den du dir im Kalender ankreuzen kannst?«

»Genau.«

»Ich will dir mal was sagen, Groceries – du hast ein ernsthaftes Problem mit der Kontrolle.«

Meine Wut über diese Äußerung brennt wie Feuer. Ein Problem mit der Kontrolle? *Ich?* Ich habe Lust, Richard für diese Beleidigung zu ohrfeigen. Doch dann erkenne ich hinter meiner Gekränktheit und Empörung die Wahrheit. Die unmittelbare, offensichtliche, lachhafte Wahrheit.

Er hat recht.

Das Feuer in mir erlischt so schnell, wie es auf gelodert ist.

»Du hast völlig recht«, sage ich.

»Ich weiß, dass ich recht habe, Baby. Hör zu, du bist eine starke Frau und gewöhnt, zu kriegen, was du haben willst, und in deinen letzten paar Beziehungen hast du das nicht gekriegt, und deshalb bist du jetzt völlig blockiert. Das Leben hat sich einmal nicht deinem Willen gebeugt. Und nichts bringt einen Kontrollfreak mehr auf die Palme, als wenn ihm das Leben einen Strich durch die Rechnung macht.«

»Nenn mich bitte nicht einen Kontrollfreak.«

»Aber du hast ein Problem mit der Kontrolle, Groceries. Nun komm schon. Hat dir das noch keiner gesagt?«

Na ja, … *doch.* Aber wenn man sich von jemandem scheiden lässt, hört man nach einer Weile auf, sich all die gemeinen Sachen anzuhören, die der andere einem zu sagen hat … Also reiße ich mich zusammen und gebe es zu.

»Okay, wahrscheinlich hast du recht. Vielleicht hab ich ein Problem mit der Kontrolle. Ist nur komisch, dass es dir auf-gefallen ist. Weil ich nicht glaube, dass es so sehr auffällt.

Ich meine – ich wette, die meisten Leute sehen mir dieses Problem nicht auf Anhieb an.«

Richard aus Texas lacht so schallend, dass ihm fast der Zahnstocher aus dem Mund fällt.

»Nein? Sogar Ray Charles würde das sehen, Süße.«

»Okay, ich glaube, ich hab jetzt genug, vielen Dank.«

»Du musst lernen, wie man loslässt, Groceries. Sonst machst du dich fix und fertig. Wirst nie wieder ordentlich durchschlafen. Dich ewig drehen und wälzen und dir Vorwürfe machen, weil du so eine Versagerin bist. *Was ist nur mit mir los? Warum hab ich all meine Beziehungen versaut? Warum bin ich so eine Niete?* Lass mich raten – mit solchen Fragen hast du dich doch gestern Nacht wieder mal stundenlang rumgeschlagen.«

»Okay, Richard, das reicht«, sage ich. »Ich will nicht, dass du dich weiter in mich hineinversetzt und in mir herumtrampelst.«

»Dann mach die Tür zu«, sagt mein großer Yogi aus Texas.

1942

6. OKTOBER 1942 An unangenehmen Dingen gearbeitet. Mich um 12:30 mit Rolf getroffen. Nach einem zehnminütigen Mittagessen im Automatenrestaurant wollte ich kurz zum Schuster und dann in die Bibliothek, um *Schöne neue Welt* zu lesen. »Also dann, Wiedersehen«, sagte er zum Abschied. »Wir sehen uns, wenn du mal Zeit hast!« Na ja, selbst Mutter sagt, ich solle härter zu ihm sein. Ich bin noch nie so streng zu einem Mann gewesen! Aber das macht mir nichts! Ein guter Abend. Meine Geschichte über die Verrückte abgeschlossen – den ersten Entwurf.* Allein durchs Leben zu gehen ist so wundervoll! Jetzt, mit 21, weiß ich, was ich brauche. Ich will so oft wie möglich allein sein.

---

* Vermutlich weiterhin die Geschichte »Unbefleckte Empfängnis«, die sie zuvor als »Geschichte über die Jungfrau Maria« und dann als »Jesus-Geschichte« bezeichnet.

The Kindness of Strangers

Es gibt verschiedene Arten des Stolzes. Einige von ihnen sind heilsam. Andere können ein kaum zu bewältigendes Hindernis im Leben darstellen. Ich bin nur selten stolz auf meine Arbeit, egal, wie viele Qualen sie mich gekostet hat, egal, wie weit ich mit ihr gekommen bin. Ich möchte meine eigenen Texte nicht mehr lesen, nachdem sie veröffentlicht wurden, oder zumindest für einige Jahre nicht, so lange, bis ich das Gefühl habe, sie wären von jemand anderem geschrieben worden, bis so viel Zeit vergangen ist, dass sie in gewisser Hinsicht tatsächlich von jemand anderem geschrieben worden sind. Es gelingt mir fast nie, wirklich stolz auf das Leben zu sein, das ich mir aufgebaut habe, obwohl ich viele jener Dinge, die ich erreichen wollte, erreicht habe, obwohl ich weiß, wie gut das wäre, nicht zuletzt als ein Zeichen der Dankbarkeit.

Dafür kenne ich die negativen Spielarten des Stolzes, jene, die darin bestehen, das Innere unter Verschluss zu halten, anderen Menschen nicht zu zeigen, wie man sich fühlt. Schwierigkeiten zu ignorieren. Den Blick nach vorn zu richten und weiterzumachen. Haltung zu bewahren. Das hilft, in schwierigen Situationen den Kopf über Wasser zu halten, oder zumindest erzähle ich mir das. Doch irgendwann wird diese Haltung, die man bewahrt, zu einer beklemmenden zweiten Haut. Es wird schwierig, sich selbst einzugestehen, wie man sich fühlt, immer wieder übt man sich im Verdrängen. Und die Dinge, um die man eigentlich weiß, doch von denen man nichts wissen möchte, stauen sich an. So sehr, dass der Druck dieses Wissens schmerzhaft wird.

Bin ich zu stolz, um mir einzugestehen, dass ich dieses Leben allein doch viel schwieriger finde, als ich denke? Dass ich doch mehr darunter leide, als ich zugebe, und mir eigentlich etwas Anderes wünsche? Bin ich, mit anderen Worten, zu stolz, um zuzugeben, dass ich mich manchmal einsam fühle?

Bei Durchblättern von Büchern, die ich immer wieder zur Hand nehme, stoße ich auf Unterstreichungen wie diese: »Heute, so scheint es ihm, schreibt er mehr aus einer freien Position heraus … Er sagt das ohne den Dünkel, der solche Unabhängigkeitserklärungen begleiten kann, und ohne die Pose des Traurigseins, mit der man eine Einsamkeit zugibt.«[1] Die Sätze stammen aus Roland Barthes' autobiographischem Buch *Über mich selbst*. Ich muss die Unterstreichung vor langer Zeit gemacht haben. Trotzdem habe ich das Gefühl, sie zum ersten Mal zu lesen.

Wenn ich in Maggie Nelsons *Bluets* blättere, ihren Reflexionen über das Ende einer Liebesaffäre und die Anziehungskraft der Farbe Blau, wartet, in verblassendem Neonrosa markiert, folgender Satz auf mich: »Ich habe schon seit einiger Zeit versucht, in meiner Einsamkeit Würde zu finden. Ich habe festgestellt, dass ich damit Schwierigkeiten habe.«[2] Drei Ausrufezeichen stehen neben der Anstreichung. Es muss eine Zeit gegeben haben, in der ich mich mit Nelsons Lakonie identifizieren konnte. Tue ich das jetzt auch noch?

Und schließlich, beim Blick in Marguerite Duras' *Écrire*, ihren Essay über die Einsamkeit von Schreibenden: »Sobald der Mensch allein ist, stürzt er in die Unvernunft. Ich glaube Folgendes: Ich glaube, dass eine auf sich allein gestellte Person immer schon vom Wahnsinn gezeichnet ist, da sie nichts vor dem Einbruch des eigenen Deliriums schützt.«[3] Wenn ich diese Zeilen lese, schlägt mein Herz etwas schneller. Unfreiwillige Wellen des Erkennens unter Regungen des Widerstands. Haltung bewahren, den Blick nach vorn.

Ich hatte eigentlich keine Lust, in die Schweiz zu fahren. Ein Hotel in Luzern hatte mich zu einer dreiwöchigen Literatur-Residenz eingeladen. Nach kurzem Nachdenken hatte ich zugesagt. Ich brauchte Zeit zum Schreiben, kannte die Gegend um den Vierwaldstättersee noch nicht, und die Vorstellung, dem grauen Berliner Januar entfliehen zu können, hatte etwas Wohltuendes. Doch nun war mir nicht mehr danach. Ich hatte keine Lust auf Menschen oder darauf, auch nur meine Wohnung zu verlassen.

Die Idee der Residenz hatte mich unter anderem deshalb so gereizt, weil ich ein paar Monate zuvor Anita Brookners Roman *Hotel du Lac* gelesen hatte und es zu einem meiner Lieblingsbücher geworden war. Einem britischen Freund von mir ging es ähnlich, in unseren Gesprächen kamen wir immer wieder auf das Buch aus den frühen Achtzigerjahren zurück. Die in London lebende Protagonistin Edith Hope, Autorin von Liebesromanen, wird darin von ihren Freundinnen für unbestimmte Zeit in ein elegantes, altmodisches Hotel am Lac Léman geschickt, um der riskanten und unschicklichen Affäre mit einem verheirateten Mann ein Ende zu setzen. Im Zentrum des überraschenden, alle gängigen romantischen Narrative durchkreuzenden Buchs steht Ediths Auseinandersetzung mit ihrem sozialen Status als alleinlebende Frau, die bald vierzig wird. Ich konnte gar nicht sagen, warum ich als schwuler Mann diesen Roman so fantastisch fand. Wahrscheinlich, weil er ein so dunkles Zentrum hat und mit so feinem Humor die vielschichtigen Ausgrenzungen einer auf der Institution der Ehe basierenden Gesellschaft durchspielt. Entgegen all ihren Schwäche- und Traurigkeitsbekundungen ist Edith ein ungemein starker Mensch. Es gelingt ihr, sich in einer Gesellschaft, die für sie bloß einen eng eingegrenzten Platz vorsieht, einen ganz eigenen Freiraum zu schaffen. Ich fand das inspirierend. Und musste immer wieder an Ediths Aufenthalt in dem eleganten Hotel denken, an den großen Schweizer See, die schneebedeckten Berge am Horizont.

Ich habe die Schweiz schon immer gemocht. Beruflich bin ich ein, zwei Mal im Jahr in Zürich. In Genf habe ich Teile meines zweiten Buchs geschrieben. Ich habe einen Sommer mit David, meinem ehemaligen Lebensgefährten, in Lausanne verbracht. Ein anderer Mann hatte mich ein paar Jahre später nach St. Moritz eingeladen, wo wir durch den Schnee zu einem Essen bei einem Kunstsammler stapften, in dessen Wohnzimmer der größte Basquiat hing, den ich je gesehen hatte. Ich war in Basel, um über die Kunstmesse zu schreiben, und im Wallis, um auf einem Literaturfestival zu lesen.

Das Land kam mir manchmal wie die Erfüllung jener Werbeversprechen aus den Achtzigerjahren vor, die ich als Kind im Fernsehen bestaunt hatte. Alles wirkt so sauber und im rechten Maß fortschrittlich und strahlt den wohlgeordneten Glanz eines gewissen Wohlstands aus. Ich empfand das, obwohl mir klar war, dass ich damit einer völlig unzulässigen Idealisierung erlag.

Ich hätte wissen müssen, dass es mir schwerfallen würde, den Aufenthalt anzutreten, weil es mir um diese Zeit des Jahres selten gut geht. Ein paar Wochen zuvor hatte es wieder angefangen, dieses Gefühl, das mich regelmäßig zum Jahresende befällt. Es stellt sich ein, wenn die Tage so kurz werden, dass ich spätestens um drei Uhr den Schreibtisch verlassen muss, um auf meiner Runde im Park noch etwas Tageslicht abzubekommen. Wenn sich der Winter ankündigt, mein Geburtstag kurz vor Weihnachten näher rückt, das Fest selbst, der Jahreswechsel, die darauffolgenden nicht enden wollenden Monate der Dunkelheit. In dieser Zeit fühle ich am stärksten, dass ich allein lebe.

Es beginnt als ein vages Gefühl, als eine gewisse Unruhe in meinem Körper, als ein Wunsch, den ich nicht benennen kann, ein Begehren, von dem ich nicht weiß, worauf es zielt. Wenn ich es spüre, arbeite ich noch mehr, gehe länger als sonst in der Stadt spazieren, gehe öfter ins Konzert, ins Ballett oder ins Kino, fange einen dicken Roman an, den ich nicht zu Ende lese, suche nach den perfekten Weihnachtsgeschenken für meine Patenkinder, beginne Orangen-, Clementinen- oder Meyer-Zitronenmarmelade zum Verschenken zu kochen, backe Panettone und Stollen für Freundinnen und Freunde und esse davon selbst mehr als geplant. Einige Jahre lang habe ich schon zur Adventszeit einen Baum aufgestellt und ihn so lange obsessiv mit glitzernden Kugeln und Ornamenten geschmückt, bis er einem jener luxuriösen Pariser Kleider glich, die man auf den Gemälden von John Singer Sargent oder James Tissot sieht. Heute stapelt sich der Weihnachtsschmuck in meiner Abstellkammer.

Manchmal hilft dieses Mehr an Aktivitäten, doch manchmal bekommt es etwas Zwanghaftes, etwas Manisches und droht in einen psychischen Zustand zu kippen, der selbst noch nicht depressiv ist, aber eine Depression einleiten und, wenn ich nicht aufpasse, so dominant werden kann, dass er für Wochen und Monate mein Leben bestimmt. In dieser Phase fühlt sich alles plötzlich fadenscheinig an. Selbsttäuschungen, die mich die längste Zeit des Jahres über Wasser halten, zerbröckeln. Das vorsätzliche Vergessen, auf dem das Leben der meisten von uns beruht, scheitert. Ich kann es nicht besser beschreiben. Es fühlt sich wie der Verlust einer wichtigen Fantasie an. Ich höre auf zu glauben, dass dieses Leben, so wie ich es lebe, allein lebe, ein gutes Leben ist.

Diese Fantasie eines guten Lebens ist mehr als eine individuelle Fantasie. Sie ist ein kollektives Konstrukt, das viele von uns teilen, eine Fiktion, die gesellschaftlich immer wieder neu inszeniert und aufgeführt wird, von uns selbst, von den Menschen, die wir lieben, von uns allen. Selbst wenn man versucht, sich bewusst von ihr zu lösen, wird man tagtäglich mit den Spuren konfrontiert, die sie im Inneren hinterlassen hat. Ein Teil dieser Fiktion besteht in einem komplexen Wohlstandsphantasma: dem Glauben, dass wir mit unserer Arbeit ein gutes Auskommen finden können, dass mit dem nötigen Einsatz jede und jeder von uns eine gewisse Prosperität erlangen kann. Weitere Aspekte sind eine funktionierende Liebesbeziehung und die Gründung einer Familie und diese Aspekte fallen häufig noch schwerer ins Gewicht, nicht zuletzt, weil sie seltener hinterfragt werden, weil sie noch selbstverständlicher zur Genetik unseres sozialen Lebens gehören.

Dieses Fantasiekonstrukt eines guten Lebens stellt ein Versprechen dar, an dem wir trotz der überwältigenden Indizien festhalten, dass es sich für viele von uns nicht einlösen lässt. Der amerikanischen Philosophin Lauren Berlant zufolge legt es vielen Menschen nur Steine in den Weg, da es in den heutigen Gesellschaften häufig gar nicht möglich ist, solch ein Leben zu führen. Berlant hat dieses Phänomen »Cruel Optimism« genannt, »grausamen Optimismus«. Für sie ist es eine Signatur unserer Zeit.[4] Manchmal, schreibt sie, fühle sich unser Alltag nur noch wie eine Art Überlebenstraining an, das gar nicht mehr zulasse, realistisch für eine Zukunft zu planen, sondern uns nur noch erlaube, diese herbeizufantasieren.[5] Das sei keine Pathologie, betont sie, sondern eine angemessene Reaktion auf die Welt und mache ein Leben erträglich, das uns immer wieder mit Widersprüchen, Schwierigkeiten und Ambivalenzen konfrontiert.[6]

Meine dunkle, regelmäßig zum Jahresende wiederkehrende Stimmung beruht zu einem großen Teil darauf, dass mein innerer grausamer Optimismus in sich zusammenfällt, während wir uns als Gesellschaft einer rauschhaften

Feier des guten Lebens hingeben. Ich habe das Gefühl, gescheitert zu sein. Weil ich keinen Partner habe, weil mein Alltag als Schreibender häufig von wirtschaftlicher Unsicherheit geprägt ist. Überall werde ich darauf gestoßen, dass ich weitgehend ohne die beiden grundsätzlichen Komponenten der Fantasie vom guten Leben auskommen muss, ohne Wohlstand und Liebesglück. Mir wird bewusst, wie grausam es wirklich ist, an der Zuversicht festzuhalten, dass es einmal anders sein wird. Ich fühle mich nie so einsam wie zum Ende des Jahres.

Diese Einsamkeit hat nichts damit zu tun, wie ich die Feiertage selbst verbringe. Ich sah oder sprach auch in jenem Jahr Freundinnen, Freunde, meine Eltern und Geschwister. Heiligabend verbrachte ich, wie häufig, mit Marie, einer meiner ältesten Freundinnen, mit Olaf, ihrem Lebensgefährten, und ihrem Sohn John, meinem Patenkind. Am ersten Weihnachtstag war ich zu einem mexikanischen Weihnachtslunch bei Amy und Daniel eingeladen, wo es vor lustigen Kleinkindern wimmelte, danach ging ich zum Abendessen bei Karsten und Harriet. Silvester verbrachte ich auf einem Fest bei Rabea und David. Mein Gefühl der Einsamkeit hat nichts damit zu tun, ob ich tatsächlich allein bin oder nicht. Es ist eine saisonale Einsamkeit, das Symptom einer Zeit, in der es nicht gelingt, mir das bewusstzumachen, was ich mir sonst bewusstmache: dass ich vielleicht kein konventionell gutes, aber ein erfülltes, ein spannendes Leben führe, ein Leben voll anderer Arten des Wohlstands und der Liebe.

Ich glaube, dass es vielen Menschen, die allein leben, so geht. Sobald die ersten Weihnachtsbeleuchtungen auf den

Straßen zu sehen sind, kommt es zu einer psychischen Dynamik, der man sich nur schwer entziehen kann. Instinktiv hat man das Gefühl, sich durch eine Welt zu bewegen, die anderen Menschen gehört, den Liebenden, den Müttern und Vätern, den Großeltern. Roland Barthes hat dieses Gefühl als eine Form »philosophischer Einsamkeit« beschrieben, als eine Einsamkeit, die entsteht, weil man sich außerhalb gesellschaftlicher Systeme und Kategorien bewegt: »Ich führe einfach keinen Dialog mehr«, schreibt er in *Fragmente einer Sprache der Liebe.* »Umgekehrt unterwirft mich die Gesellschaft sehenden Auges einer Verdrängung: keine Zensur, kein Verbot: ich bin lediglich durch ein stillschweigendes Dekret der Bedeutungslosigkeit, das über mich verhängt ist, *a humanis* ausgeschlossen, den menschlichen Dingen fern: ich gehöre keinem Repertoire an, habe keinerlei Zufluchtsort.«[7]

Ich fuhr trotz meiner Jahresendstimmung an den Vierwaldstättersee. Es kostete mich Überwindung, die Reisevorbereitungen zu treffen, meinen Koffer zu packen und Tim, meinen Nachbarn, zu bitten, meinen Briefkasten zu leeren. Doch vielleicht würde mir der Aufenthalt guttun, dachte ich.

Das Hotel mit dem Namen *Beau Séjour,* das direkt am See liegt, war noch bezaubernder, als ich es mir vorgestellt hatte. Die beiden Besitzer hatten alles getan, um dem Versprechen des Hotelnamens gerecht zu werden. Ihre Großzügigkeit rührte mich. Sie hatten mir ein kleines Büro eingerichtet und mir ein Zimmer mit Blick auf den See und die Berge gegeben. Ich konnte morgens, vom Bett aus, die

Sonne aufgehen sehen. Wenn ich auf dem Balkon saß und rauchte – es war mir, nachdem ich vier Jahre zuvor wieder damit angefangen hatte, noch immer nicht gelungen aufzuhören –, sah ich die großen weißen Dampfer, die über das stille Wasser fuhren, schaute in den sonnentrunkenen Winterhimmel und auf die schneebedeckten Berge, den Pilatus, den Bürgenstock, die Rigi, und konnte nicht glauben, wie schön die Welt aussehen konnte, wie außergewöhnlich, wie unvorstellbar schön. Was für ein Trost.

Ich weiß nicht, warum ich hier damit begann, wandern zu gehen, aber zu meiner eigenen Überraschung tat ich es. Es muss der tägliche Anblick dieser entrückenden Landschaft gewesen sein, der in mir das Bedürfnis weckte, mich nach draußen zu begeben, mitten hinein in die Berge, den Wald, den Schnee. Wahrscheinlich hatte es aber auch mit dem neuen, gefährlichen Virus zu tun, das im chinesischen Wuhan entdeckt worden war. Täglich las ich in den Nachrichten, wie zunächst Hunderte und dann Tausende Menschen an den von ihm verursachten Lungenentzündungen starben. Noch fühlte es sich in Luzern sicher an, nur wenige Leute hier schienen beunruhigt zu sein, dennoch konnte ich meine Angst nicht abschütteln. Ich brauchte etwas, das meine Besorgnis eindämmen, meine Nerven glätten und mir das Gefühl geben konnte, wirklich am Leben zu sein.

Ich investierte einen Teil meines Stipendienhonorars in solide Wanderschuhe, Merinohemden und eine geeignete Outdoor-Jacke. Beim Einkauf traf ich auf eine freundliche Verkäuferin, die mir neben den schneebedeckten Winterwanderwegen auch ein paar einfache tiefer gelegene Wanderrouten empfahl, auf denen ich erst einmal ausprobieren würde, wie viel ich mir zutrauen konnte.

Ich glaube, dass Schriftstellerinnen und Schriftsteller so gerne wandern gehen, weil es ein gutes Mittel gegen die dunklen Zustände ist, die einen, ob man es will oder nicht, bei der einsamen Arbeit am Schreibtisch einholen. Nicht selten waren die größten Depressiven der Literaturgeschichte auch die begeistertsten Wandernden. Die Liste der Schreibenden, die mithilfe des Gehens in der Natur ihre Stimmung aufbesserten, ist lang: William und Dorothy Wordsworth, Henry David Thoreau, Robert Louis Stevenson, Goethe natürlich, Rousseau, Nietzsche und viele mehr. Michel de Montaigne liebte es, ziellos durch die idyllische Landschaft des Périgord zu streifen, anderen Menschen begegnete er eher mit Vorsicht. Für Virginia Woolf, die begabteste Romanautorin, die begabteste Wanderin und leider auch die begabteste Depressive von allen, lag die Rettung in den Hügeln von Sussex und an der Steilküste von Cornwall. »Nach der Einsamkeit des eigenen Zimmers« konnte sie nur beim Wandern das »Ich« abwerfen, wie sie einmal erklärte.[8] Ich wusste, was sie meinte. Es ging ihr nicht um Selbstfindung. Wenn man wandert, weil es einem nicht gut geht, will man sich nicht finden, oder zumindest zunächst nicht, erst einmal möchte man vor sich weglaufen.

Wie sich herausstellte, konnte man nirgends besser vor sich weglaufen als in den Bergen um den Vierwaldstättersee. Erst probierte ich Touren aus, die nicht länger als drei, vier Stunden dauerten. Sie waren körperlich und psychisch eine größere Herausforderung, als ich erwartet hatte. Mein norddeutsches Höhenverständnis übersetzte sich in den Alpen immer wieder in ein leicht mulmiges Gefühl. Ich kam in einige schwierige, wandertechnisch so herausfordernde Situationen, dass ich nicht mehr weiterwusste. Aber es gelang mir, jede meiner Touren zu bewältigen. Manchmal erklärten mir andere Wanderer, die ich auf dem Weg traf, wie man steile, in den Stein gehauene Treppen oder einen schmalen Abhang, den nur ein paar aus dem Boden ragende Baumwurzeln zusammenzuhalten scheinen, heruntergeht. Manchmal fand ich selbst einen Weg, nachdem ich eine Pause gemacht hatte.

Bald war ich jeden freien Tag in den Bergen unterwegs und begann, die leichten, ganzjährig begehbaren Etappen des Vierwaldstätterwegs abzulaufen, der um den See führt. Ich nahm ein Schiff zu einem der Orte, an denen die jeweilige Tour startete, und ging los, stundenlang, immer so abgepasst, dass ich noch das letzte Schiff zurück nach Luzern nehmen konnte, bevor es dunkel wurde. Ich hatte Muskelkater und alle möglichen Schmerzen in Füßen, Beinen, Rücken und Armen, trotzdem machte ich nach ein, zwei Tagen am Schreibtisch wieder weiter. Das unglaublich intensive, lebensbejahende und befreiende Sonnenlicht in den höheren Lagen, die eisklare Luft, der Schnee, die Kälte im Gesicht, all das machte mich auf unvorhergesehene Weise euphorisch, machte mir auf so grundlegende Weise den Kopf frei, dass ich mein Leben in Berlin vergaß. Wenn man nichts anderes tut, als einen Fuß vor den anderen zu setzen, scheint sich das Denken neue Bahnen zu suchen. Körper, Geist und Welt kommen anders als sonst zusammen, nehmen neue Unterhaltungen auf. Es entsteht ein ganz eigener

Denkrhythmus, der vom Gehen selbst, der Landschaft und dem Atem bestimmt wird.[9]

Von Wanderung zu Wanderung traute ich mir mehr zu. Immer wieder kostete ich die Schönheit der Landschaft aus, immer wieder kam ich an meine körperlichen Grenzen, bewältigte mein Alleinsein in der Weite der Natur, immer wieder schien es mir in kurzen Momenten zu gelingen, Dinge anders und neu zu sehen. Die Bewegungen des Körpers brachten Begebenheiten aus lang vergangenen Lebensphasen in meine Erinnerung zurück, von denen ich glaubte, ich hätte sie längst vergessen. Alles schien einen größeren und klareren Kontext zu bekommen. Es arbeitete ständig in mir. Ohne es zu merken, dachte ich die ganze Zeit über mich und mein Leben nach. Die Berge waren so groß, ich so klein und so frei von allem, was meinen Alltag eigentlich bestimmte. Ich verstand die Begeisterung, mit der Menschen wandern gehen, ich spürte sie jedes Mal aufs Neue.

Bald ging es mir etwas besser. Das Wandern spielte dabei sicherlich eine große Rolle. Auch der Luxus, ein Zimmer mit Ausblick zu haben, ein Büro, das nur zum Arbeiten da ist, und der Umstand, dass ich mich für die Wochen im Hotel um all die täglichen Verrichtungen des Lebens nur begrenzt kümmern musste, trugen dazu bei. Doch den größten Einfluss auf meine Stimmung hatten überraschenderweise die Leute, die im *Beau Séjour* arbeiteten. Die Besitzer hatten vor allem Bekannte, Freundinnen und Freunde angestellt, das Leben im Hotel umgab etwas Gemeinschaftliches, etwas Familiäres, und nach einigen Tagen war mir klar, dass ich fast alle Leute, denen ich dort tagtäglich begegnete, mochte, ohne sagen zu können, warum. Das hatte etwas Idiosynkratisches, es war ein spontanes Mögen, eine reflexartige Übereinstimmung, die mit dem Wissen einherging, dass man einige Dinge ähnlich sah, bestimmte Koordinatenpunkte in dieser unübersichtlichen Welt teilte, gewisse Sympathien, gewisse Aversionen. Solche »Spontanbündnisse«, wie es die Intellektuelle Silvia Bovenschen einmal nannte, sind natürlich nicht wirklich verlässlich. Doch sie sind schön, schön, weil sie so flüchtig sind und manchmal am Anfang von Freundschaften stehen.[10]

Die Wahrheit ist, dass auch Beziehungen, die wir zunächst nicht als intim oder eng bezeichnen würden, bedeutsam für uns und unser inneres Gleichgewicht sind. Wir leben nicht nur in einem engen Kreis von Freundinnen und Freunden, von Familienmitgliedern, Partnerinnen und Partnern, sondern bewegen uns auch in viel weiter gefassten sozialen Zirkeln. Diese »Netzwerke«, wenn man sie denn so nennen möchte, sind häufig unübersichtlich, doch in der Regel haben sie einen größeren Einfluss auf unseren Alltag, als wir denken.[11]

Der Soziologe Mark S. Granovetter war der Erste, der dieses Phänomen untersucht hat. In seinem Aufsatz »The Strength of Weak Ties« von Anfang der Siebzigerjahre brachte er etwas zum Ausdruck, was zuvor allenfalls intuitiv verstanden worden war. Ob es sich um Bekanntschaften handele, um Nachbarn, Kolleginnen, um andere Menschen, die mit unseren Freundinnen und Freunden befreundet seien, um Leute, denen wir nur zufällig oder zu bestimmten Anlässen begegnen: Auch von diesen »schwachen sozialen Bindungen« gehe eine große Stärke aus, glaubte Granovetter. Für ihn haben diese Beziehungen eine gewisse »Brückenfunktion« und sind prädestiniert dafür, Informationen weiterzugeben, die anders nicht weitergegeben werden können.[12] Verschiedene Sozialwissenschaftler und -wissenschaftlerinnen haben an seine Forschungen angeknüpft und nachgewiesen, wie leicht sich Ideen, Mentalitäten, Haltungen, Moden, Gefühle und Affekte wie Zuversicht und Angst in diesen Netzwerken verbreiten, wie sehr wir von ihnen, ohne es zu merken, geformt werden.[13]

Eine der Haltungen in meinem neuen kleinen »Netzwerk«, die mir in meiner Zeit am Vierwaldstättersee besonders guttaten, war eine grundsätzliche, umsichtige Freundlichkeit, die ich im Berliner Alltag häufig vermisse. Freundlichkeit ist etwas, das manchmal unter dem Verdacht des Langweiligen und Unaufrichtigen steht. Ihrer Idee scheint etwas Antiquiertes anzuhaften, etwas Steifes und Aus-der-Zeit-Gefallenes, das dem neoliberalen Geist unserer Tage zuwiderläuft. Wenn Gesellschaften ihre Mitglieder wie selbstverständlich in Gewinnende und Verlierende aufteilen, führt das vielleicht zwangsläufig dazu, dass nur jene Menschen freundlich sind, die es nötig haben.

Doch wie der Psychoanalytiker Adam Phillips und die Kulturhistorikerin Barbara Taylor in ihrem Buch *On Kindness* schreiben, ist Freundlichkeit, obwohl sie in den vergangenen Jahrzehnten den Status eines »verbotenen Vergnügens« erlangt hat, »essentiell für unsere emotionale und mentale Gesundheit«. Phillips und Taylor haben dabei sowohl im Blick, wie es ist, die Freundlichkeit anderer Menschen zu erfahren, als auch, wie es ist, anderen Menschen gegenüber freundlich zu sein. Sie meinen eine ganz gewöhnliche Freundlichkeit in unserem ganz alltäglichen Leben. Ihren Beobachtungen zufolge wird gerade diese Freundlichkeit immer wieder als ein Zeichen von Schwäche definiert, was dafür sorgt, dass wir es vermeiden, freundlich zu sein, und alle möglichen Rechtfertigungen dafür finden.[14]

Manchmal sitzt man im Bus oder in der Bahn und hat den Eindruck, die Flut hasserfüllter, selbstreflexionsfreier Online-Kommentare wäre in die reale Welt geschwappt. Die meisten von uns wissen, wie schmerzhaft achtlose Urteile, Unaufmerksamkeiten und Mikroaggressionen sein können. Selbst freundlich zu sein, scheint für viele Menschen dennoch eine Herausforderung darzustellen. Teilweise ist dieses Verhalten auf bestimmte kulturelle Prägungen zurückzuführen. Häufig gehört es zum guten Ton, »direkt« zu sein und auch »unbequeme« Wahrheiten auszusprechen. Dabei könnte man sich fragen, ob die eigene Einschätzung tatsächlich so wichtig ist, dass man dafür in Kauf nehmen sollte, jemandem weh zu tun. Nicht selten verbirgt sich hinter dem Äußern sogenannter unbequemer Wahrheiten eine gewisse Bequemlichkeit: die Unwilligkeit, auch nur ein Minimum an Empathie aufzubringen.

Es ist nicht schwer, freundlich zu sein. In der Regel ist es eine der ersten intuitiven Reaktionen, die wir in einer Begegnung mit anderen Menschen haben. Es ist nicht schwer, ein gewisses Interesse für das Gegenüber aufzubringen und zuzuhören, nicht schwer, sich bewusstzumachen, dass wir alle verletzlich sind, dass das, was wir sagen, Konsequenzen hat und wir gerade mit unserer Überzeugung, selbst richtigzuliegen, oft falschliegen.[15]

Ich habe in meinem Leben schon viele Menschen verletzt, vorsätzlich, aber auch unfreiwillig, aufgrund fehlender Umsicht. Und natürlich habe ich viele solcher Verletzungen auch am eigenen Leib erfahren. Ich weiß nicht, ob es mir immer gelingt, freundlich zu sein, aber ich versuche es zumindest. Man weiß nie, was hinter der Fassade passiert, die das Gegenüber einem präsentiert, weiß nie, welche Lebenswege andere Menschen hinter sich haben, womit sie sich tagtäglich herumschlagen. Von außen wirken Menschen fast immer stärker, als sie sich innerlich fühlen.

Es dauerte etwas, bis ich mich wirklich wieder besser fühlte, bis ich die inhärente Grausamkeit meiner zuversichtlichen Fantasien vom guten Leben nicht mehr so akut spürte, bis die Dinge, von denen ich nichts wissen wollte, tatsächlich wieder Dinge wurden, von denen ich nichts oder wenigstens nicht allzu viel wusste, bis die nötige Selbsttäuschung, auf der mein Leben beruhte, wieder funktionierte. Der Januar sollte der erste Jahresanfang seit langem werden, an dem ich nicht gegen eine depressive Phase ankämpfte. Irgendwann schmerzte das Alleinsein nicht mehr, irgendwann fühlte ich mich nicht mehr so einsam.

Gegen Ende meines Aufenthalts setzte ich mich nach einer meiner Wanderungen auf einen der Außenplätze des Schiffs nach Luzern. Es war sehr kalt, aber ich wickelte mich in einen großen Schal ein und beobachtete das Spiel der Wellen, sah zu, wie die Höckerschwäne, Haubentaucher und Kolbenenten über das Wasser glitten, wie die Berge und die Dörfer mit ihren pittoresken Kirchen, eleganten Häusern und den großen Hotels des 19. Jahrhunderts an mir vorbeizogen, die wirkten, als lebte in ihnen eine andere Ära fort. Auf einem dieser prachtvollen Bauten sah ich plötzlich den Schriftzug »Hotel du Lac« stehen. Mein Herz machte einen kleinen Sprung. Ich schoss ein Foto und schickte es dem Freund, mit dem ich über Anita Brookners Roman geredet hatte, ich wusste, dass es ihn zum Schmunzeln bringen würde. Edith Hope übrigens entscheidet sich am Ende des Buchs gegen den Mann, mit dem sie eine Affäre hat und den sie wahrscheinlich liebt. Sie entscheidet sich aber auch gegen jenen Mann, der ihr anbietet, sie ohne große Gefühle zu heiraten und ihr damit eine andere Form der gesellschaftlichen Eingebundenheit und Anerkennung zu verschaffen. Sie entscheidet sich für das Leben allein.

Das Leben allein stellt einen vor Herausforderungen, die für Menschen mit Partnern, Partnerinnen und Familien nicht nachvollziehbar sind. Auch Menschen in einer Partnerschaft können sich einsam fühlen, doch wenn man allein lebt und sich einsam fühlt, bleibt man das auf absehbare Zeit auch. Die Einsamkeit schwillt an und ebbt wieder ab, manchmal macht sie sich als ein akutes Gefühl bemerkbar, dann vergisst man sie wieder, oder sie lässt sich leicht beiseiteschieben, bis sie einen abermals kalt erwischt. Unabhängig davon, ob man freiwillig allein lebt oder nicht, unabhängig davon, wie viele Freundinnen und Freunde man hat, unabhängig davon, wie gut man sein Leben organisiert. Einsamkeit ist eine Begleiterscheinung des Lebens allein. Wie schwer es fällt, das zu akzeptieren.

Es ist immer einfacher, sich selbst davon zu überzeugen, dass man den Schmerz gar nicht empfindet, den man der

Welt aus Stolz nicht zeigen möchte, als diesem Schmerz tatsächlich ins Auge zu sehen und mit ihm umzugehen. Doch alle Gefühle, gute wie schlechte, müssen gefühlt, akzeptiert und durchlebt werden. Manchmal tut das Alleinleben weh, manchmal nicht. Manchmal muss man neue Wege einschlagen, um damit zurechtzukommen, oder zumindest offen für die Möglichkeit neuer Wege sein. Manchmal muss man sich hinaus auf den See und in die Berge trauen, das Gesicht in die Wintersonne halten und sich an all jene freundlichen Leute halten, die einen ein Stück des Weges begleiten. Und sich daran erinnern, dass es nicht nur verschiedene Arten des Stolzes gibt, sondern auch verschiedene Arten, allein zu sein. Verschiedene Arten der Einsamkeit.

ANMERKUNGEN

1 Roland Barthes: Über mich selbst, aus dem Französischen von Jürgen Hoch (Neuausgabe), Berlin 2010, S. 120

2 Maggie Nelson: Bluets, aus dem Englischen von Jan Wilm, Berlin 2018, S. 35

3 Marguerite Duras: Écrire, Paris 1993, S. 46, Übersetzung von mir

4 Lauren Berlant: Cruel Optimism, Durham und London 2011, vgl. S. 1–21

5 Vgl. ebd., S. 187

6 Ebd., S. 14

7 Roland Barthes: Fragmente einer Sprache der Liebe (erweiterte Ausgabe), Berlin 2015, S. 39 f.

8 Virginia Woolf, »Stadtbummel. Ein Londoner Abenteuer«, in: dies.: Der Tod des Falters. Essays, Frankfurt am Main 1997, S. 23

9 Vgl. zur Philosophie und Geschichte des Wanderns: Rebecca Solnit: Wanderlust. A History of Walking, London 2014

10 Vgl. zum Begriff der Idiosynkrasie: Silvia Bovenschen: Über-Empfindlichkeit. Spielformen der Idiosynkrasie, Frankfurt am Main 2000, vor allem das Kapitel: »Ach wie schön. Freundschaft und idiosynkratische Befremdungen«, S. 119–149

11 Eine sich sehr authentisch anfühlende Beschreibung der alltäg-
    lichen Bedeutung dieses »Friendweb« findet sich in: Ann
    Friedman und Aminatou Sow: Big Friendship. How We Keep
    Each Other Close, New York 2020, insbesondere S. 99–117
12 Mark S. Granovetter: »The Strength of Weak Ties«, American
    Journal of Sociology, Vol. 78, No. 6 (Mai 1973), S. 1360–1380
13 Etwa Nicholas A. Christakis und James H. Fowler: Connected.
    The Surprising Power of Social Networks and How They Shape
    our Lives, New York und London 2009, oder Lydia Denworth:
    Friendship. The Evolution, Biology, and Extraordinary Power of
    Life's Fundamental Bond, New York 2020, insbesondere S. 138–163
14 Adam Phillips und Barbara Taylor: On Kindness, London 2009
15 Ein durchaus anregender lebensphilosophischer Ansatz zum
    Thema Freundlichkeit findet sich in: The School of Life: On Being
    Nice, The School of Life Press, London 2017

Tomos Glück

Jetzt schien wahr zu werden, worauf sie fünf Jahre lang gewartet hatte.

Der Mensch, in den sie die ganze Zeit verliebt gewesen war, schien sie endlich zu bemerken.

Tomo bemühte sich, Ruhe zu bewahren. Obwohl, im tiefsten Inneren war sie gar nicht sonderlich aufgewühlt.

Sie war nur unheimlich glücklich darüber, dass der Mann, in den sie verliebt war, ihr jetzt laufend E-Mails schrieb oder sie zum Essen einlud.

Der Mann, in den Tomo verliebt war, arbeitete für eine Firma in einem anderen Stockwerk desselben Gebäudes. Es handelte sich um den Verlag einer Reisezeitschrift, aber da sie so gut wie nie verreiste und deshalb nichts davon verstand, interessierte sie diese Zeitschrift nicht sonderlich.

Tomo, die bei einer kleinen Designfirma für Büroarbeiten und als Mädchen für alles angestellt war, hörte ständig Radio, wenn sie am Schreibtisch saß; Songs, die ihr dort besonders gut gefielen, besorgte sie sich manchmal in einem großen CD-Laden in der Nähe und hörte sie dann auf ihrem Heimweg im Auto wieder und wieder, bis sie sie irgendwann mit ihrer hohen, ein wenig näselnden Stimme mitzusingen versuchte. Dabei kamen alle möglichen Erinnerungen hoch, deshalb hielt sie manchmal am Kiesufer des nahe gelegenen Flusses an, hörte den Insekten zu und blieb eine Weile still sitzen.

Dieses Für-eine-Weile-still-Bleiben war für Tomos Seele immer schon ausgesprochen wichtig gewesen.

In letzter Zeit hatte sie ein Faible für einen Hit, der schon etwas in die Jahre gekommen war: *Puff, the Magic Dragon,* das Lied über den Zauberdrachen, der von seinem Spielkameraden, dem kleinen Jungen Jackie Paper, irgendwann einfach vergessen wird. Sie musste jedes Mal weinen, wenn sie das Lied hörte und daran dachte, wie einsam und verlassen der arme Puff sich fühlte. Dann verdrückte sie nicht nur ein paar Tränchen, sondern heulte immer gleich los wie ein Schlosshund, deshalb vermied sie es tunlichst, im Alltag an dieses Lied zu denken.

Solche Stimmungsschwankungen und Wechselbäder der Gefühle waren ihr »Reise« genug, deshalb brauchte Tomo die echten Reisen nicht. Und wenn sie einmal von ihren Freundinnen zu einem Ausflug überredet worden war, etwa dem Besuch einer heißen Quelle, dann zeigte sie höchstens Interesse an der unbekannten Landschaft, mehr nicht. Bisher hatte sie zwei Freunde gehabt, aber wegen ihrer Stubenhockerei hatten die Beziehungen irgendwie nie lange funktioniert. Übereinstimmende Ansicht beider Männer nach der Trennung war, was sie doch bloß für eine sture Frau sei, die starr an ihrem anspruchslosen Leben festhalte, außerdem hätten sie keine Ahnung, was eigentlich in ihrem Kopf vorginge.

Eine Frau, die einmal vergewaltigt worden ist, wird Männern gegenüber vermutlich von da an argwöhnisch sein.

Nicht so Tomo.

Und die Tatsache, dass sie mit sechzehn Jahren von einem älteren Jungen, den sie von Kindesbeinen an kannte, vergewaltigt worden war – er hatte sie zu einer Spritztour ins Auto gelockt, dann urplötzlich am Flussufer angehalten und sie herausgezerrt – und das auch noch ihr erster Geschlechtsverkehr war, hatte auch nicht dazu geführt, dass sie eine Aversion gegen diese Flusslandschaft entwickelte.

Denn es war nicht etwa die Erinnerung an dieses Erlebnis, die diesen Ort beherrschte, sondern vielmehr die sich wandelnde Landschaft im Lauf der Jahreszeiten, der Wind, der darüberstrich, und das Gefühl von Kühle, wenn sie sich auf ihre alte Lieblingsbank setzte.

Natürlich verabscheute sie seitdem jenen Mann.

Früher schon, wenn sie gemeinsam bei Tisch saßen, hatte sie seine Art zu essen abstoßend gefunden. Er achtet die Lebensmittel nicht, hatte sie damals gedacht. Tomo mochte es, langsam zu essen, und es hatte sie schlichtweg angewidert, wie er dasaß und alles einfach in sich hineinschaufelte.

Da Tomo mit ihrer inzwischen verstorbenen Mutter zusammen im Garten immer kleine Beete bestellt hatte, war sie es gewohnt, mit noch so kleingewachsenen Gemüsen zu kochen, alles restlos zu verwerten und, wenn's sein musste, auch morgens, mittags und abends Bohnen zu essen, denn ob es nun das Stück Stielansatz vom Rettich war oder gar verschrumpelte Kartoffeln – zum Wegwerfen war alles viel zu schade. Obwohl sie diesen Jungen also überaus abstoßend fand, war sie trotzdem mitgegangen, ob aus einer Art geistiger Verwirrung heraus oder aus bei ihr eigentlich wenig ausgeprägter Neugier – sie wusste es nicht. Sie war erst sechzehn, und es war neu für sie, mit einem Jungen allein zu sein, und obwohl sie Jungs einerseits öde fand, war es doch auf der anderen Seite ganz schön aufregend herauszufinden, wie sie tickten. Allein schon Jungenhände und Jungenhälse – sie sahen anders aus, und auch das war neu und aufregend. Deshalb war sie zu ihm in den Wagen gestiegen.

Dass Männer und Frauen Sex haben, wusste sie natürlich aus Film und Fernsehen, doch sie selbst lernte nun den Geschlechtsakt als etwas Abstoßendes und Demütigendes kennen, dem sie nichts, aber auch gar nichts abgewinnen konnte. Da sie jedoch aus freien Stücken mit hierhergekommen war, fügte sie sich leise in das, was geschah.

Während es zwischen ihren Schenkeln auf widerwärtige Weise feucht wurde, dachte Tomo, die zwar nicht religiös war, aber in gewissem Sinne ein zutiefst gläubiges Naturell besaß, nur immer wieder inständig: »Er hat mich nicht einmal gefragt, ich habe mein Einverständnis nicht gegeben. Er hat sich auf unfaire Weise seiner männlichen Körperkraft bedient. Es wird ein schlimmes Ende mit ihm nehmen, weil er mir das angetan hat, ganz bestimmt!« Sie dachte das ohne Böswilligkeit, in aller Unschuld, und das machte einen mächtigen Fluch daraus.

»Dir wird furchtbares Unheil widerfahren!«, sagte Tomo zum Abschied mit ungewöhnlich kalter Stimme zu ihm.

In der darauffolgenden Woche hatte der junge Mann einen Verkehrsunfall, der ihm Arm- und Beinknochen zertrümmerte und einen Hoden zerquetschte, worauf er für mehr als ein halbes Jahr im Krankenhaus verschwand.

»Okay – ein halbes Jahr also für einen Fick«, dachte Tomo in ihrer eigentümlichen Fügsamkeit und fand sich auch damit wieder ab.

Tomo wusste selbst nicht so genau, warum sie sich ausgerechnet in Herrn Misawa bis über beide Ohren verliebt hatte. Sie hatte ihn öfter in der Cafeteria im Untergeschoss des Bürohauses gesehen. Er war um die vierzig, von hochgewachsener, schlaksiger Statur, sein Kopf war bereits ziemlich kahl, während auf seinen Fingern die Haare sprießten – kurzum, gutaussehend war er nicht gerade. Aber Tomo konnte sich nicht sattsehen an ihm. Wenn sie ihn betrachtete, war ihr, als tauche plötzlich etwas Frisches, Klares vor ihr auf, das nichts mit seinem Aussehen zu tun hatte.

Tomo brauchte grundsätzlich lange, ehe sie etwas in Angriff nahm.

Es dauerte zwei Jahre, bis sie ihm zunickte, wenn sie sich begegneten.

Zumal sich Herr Misawa in der Mittagspause meistens mit seiner Geliebten zum Essen traf.

Die beiden waren ein schmerzlicher Anblick für Tomo. Denn sie schienen sich sehr gut zu verstehen. Als umwerfende Schönheit konnte man Herrn Misawas Geliebte vielleicht nicht bezeichnen, aber sie sah hübsch aus, war ebenfalls ziemlich groß, hatte eine gute Haltung und große runde Augen mit langen Wimpern und verhielt sich ruhig und gelassen. Ohne viel zu reden, gingen die beiden heiter und freundlich miteinander um.

»Die zwei werden sicher einmal heiraten. Die Glücklichen!«, seufzte Tomo.

Und das war nun das Bemerkenswerte an Tomos Charakter: Nicht einmal im Traum hätte sie daran gedacht, sich in diese vertraute Zweisamkeit zu drängen.

Doch weil sie sich ständig über den Weg liefen, kam es irgendwann unweigerlich dazu, dass sie einander zum Gruß zunickten, und darüber freute sich Tomo natürlich.

Hinzu kam, dass Tomo es geradezu zwanghaft hasste, jemand anderem etwas wegzunehmen.

Ihr Vater hatte sich nämlich in eine andere Frau verliebt, war von zu Hause ausgezogen und hatte sie und ihre Mutter im Stich gelassen. Diese andere Frau war eine ziemlich unangenehme Person gewesen, die anfänglich als seine Sekretärin in ihrem Haus ein und aus gegangen war. Gegenüber Tomo hatte sie immer nett und vertraut getan, und ihrer Mutter war sie sogar oft zur Hand gegangen.

Doch ehe sie sich's versahen, begann diese Frau für ihren Vater, der als Innenarchitekt tätig war, immer gut zu tun hatte und oft bis abends spät arbeitete, in der Firmenküche Mahlzeiten zuzubereiten und mit ihm zusammen zu essen – ja wie man hörte, soll sie zu diesem Zweck sogar eine Kochschule besucht haben. Sie rief so gut wie jeden Abend zu Hause an, angeblich, weil sie Fragen zu irgendwelchen Geschäftsvorgängen hatte, und wenn der Vater einmal wegen einer Erkältung daheimgeblieben war, kam sie und brachte ihm Obst vorbei. Wenn ihre Mutter mit Tomo für ein paar Tage die Großmutter auf dem Lande besuchte und ihr Vater sie eigentlich hätte begleiten sollen, kam grundsätzlich irgendeine dringende geschäftliche Angelegenheit dazwischen.

»Es gibt Leute, die sich plötzlich mächtig ins Zeug legen, wenn es um etwas geht, das anderen gehört«, hatte ihre Mutter damals nur lachend bemerkt – da war sie noch die Überlegene.

Während eines Betriebsausflugs war ihr Vater dann beim Skifahren mit einem Knochenbruch im Krankenhaus gelandet. Als ihre Mutter mit Tomo zu ihm nach Hokkaidō ans Krankenbett geeilt war, saß diese Sekretärin schon dort. Wimmernd drängte sie ihren jungen Körper an ihn, hielt seine Hand und rieb sie immer wieder an ihrer Wange.

»Jetzt weinen Sie doch nicht so, ich habe mir schließlich nur das Bein gebrochen!«, schäkerte Vater mit ihr.

Warum macht er das bloß, hatte sich Tomo gefragt. Es konnte doch nicht sein, dass ihre Mutter und sie, die auf dem Weg zum Flughafen extra noch in alle möglichen Läden gesprungen waren, um Vaters Leibspeisen zu besorgen, und die jetzt wie vom Donner gerührt in der Tür standen, auf ihn weniger besorgt wirkten als diese Frau! Vollkommen unmöglich! Warum um alles in der Welt war ihr Vater dann nicht in der Lage, dieses Theater zu durchschauen?

Vorhin noch, als sie an der Rezeption im Erdgeschoss des Krankenhauses warten mussten, hatte Tomo die Sekretärin zufällig in der danebenliegenden Cafeteria sitzen sehen, wie sie, Handy und Zigarette in der einen Hand und mit der anderen ein Reis-Omelett essend, irgendetwas freudig erregt erzählte. Was für ein Stimmungswechsel zu der Szene jetzt! Direkt bestürzend, wie rasch sie umschalten konnte! Es war zwar ihr gutes Recht, ihn zu bedauern, doch die Art und Weise, wie sie sich aufführte, hatte einfach einen vulgären Beigeschmack.

»Entschuldigen Sie, dass ich in Tränen ausgebrochen bin, aber ich komme fast um vor Sorge«, sagte die Sekretärin.

»Wie immer eifrig bei der Arbeit, nicht wahr!«, bemerkte ihre Mutter schroff. Tomo liebte diese Seite an ihr. Überwältigt von ihrer Zuneigung, drückte sie fest die Hand ihrer Mutter. Sie fühlte sich wie auf einem sinkenden Schiff – nirgends mehr ein Ort der Zuflucht für sie beide.

»Es muss doch auch andere Männer geben – ich werde mir jedenfalls einen Mann suchen, dem menschliche Wärme wichtiger ist und der in der Lage ist, ein solches Affentheater zu durchschauen!« Dies nahm sich Tomo damals fest vor und prägte sich dazu die unerträgliche Atmosphäre in jenem Krankenzimmer ein.

Der Anlass, warum sie sich in Herrn Misawa verliebt hatte, war vielleicht ein Gespräch zwischen ihm und seiner Geliebten gewesen, das Tomo zufällig mit angehört hatte:

»Also, wenn ich mich entscheiden muss zwischen der Firma und meinem Hund, der im Sterben liegt, dann hat der Hund doch wohl eindeutig Vorrang. Die Firma bleibt mir schließlich erhalten. Und wenn ich sonst immer gewissenhaft arbeite, wird man mich deswegen keinesfalls geringer schätzen.«

Herr Misawa schien sich tatsächlich zwei Tage freigenommen zu haben, um sich um seinen sterbenden Hund kümmern zu können.

Seine Freundin hatte mitfühlend genickt: »Ja, davon bin ich überzeugt.«

»Shishimaru war schließlich seit meiner Studentenzeit bei mir. Ich hätte es mein Leben lang bereut, wenn ich in seiner letzten Stunde nicht bei ihm geblieben wäre!«, hatte Herr Misawa danach noch gesagt.

Was für ein schönes Paar, hatte Tomo damals gedacht. Aber nicht etwa voller Neid, sondern lediglich mit dem Vorsatz, sich auch so einen Mann zu suchen.

Schwach zu werden, wenn eine junge Frau sich einem an den Hals wirft, mag in der Natur des Mannes liegen, aber sich deshalb gleich auf eine neue Ehe einzulassen, lag an der mangelnden Charakterfestigkeit ihres Vaters.

Tomos Mutter stimmte der Scheidung nicht sofort zu, sondern sagte, sie werde erst einmal drei Jahre abwarten; wenn er bis dahin immer noch nicht zu ihr zurückgekommen wäre, würde sie sich scheiden lassen.

In der Zwischenzeit wurde die Sekretärin von Vater schwanger. Sie hatte sich sicher das Hirn zermartert, alle erdenklichen Schliche eingesetzt und all ihre Kräfte aufgewandt, um Vater dermaßen den Kopf zu verdrehen, bis er nicht mehr wusste, wo oben und unten war.

»Wozu ist dieses Leben eigentlich da?«, fragte Tomo die Sekretärin, als sie sich das letzte Mal begegneten. Ihre Mutter hatte plötzlich der Mut verlassen, und Tomo war an ihrer Stelle hingegangen. Die ausgefüllten und mit Mutters Namenssiegel versehenen Scheidungspapiere in der Hand.

Tomo hatte nur wenige Freunde, aber es gab unzählig vieles, was ihr wichtig war – die Kollegen im Büro zum Beispiel, ihre Mutter, der Wellensittich, den sie als Haustier hielt, ihre Zimmerpflanzen, die Efeututen, die sie umsorgte, oder ihre Sammlung von Liebesfilmen. Alles, was ihr wichtig war, sollte einen perfekten Kreis um sie bilden – das bedeutete das Leben für Tomo.

»Ich strenge mich nun mal so lange an, bis ich das bekomme, was ich unbedingt haben will – dafür lebe ich, das ist meine Art, ich kann nicht anders«, entgegnete die Sekretärin darauf.

Jetzt zeigt sie endlich mal ihr wahres Gesicht! Hätte sie das von Anfang an getan, hätte ich sie womöglich liebgewinnen können, dachte Tomo.

Sicher hatte das Kind in ihrem Bauch sie ehrlich werden lassen. Und in dem Moment, als sie das dachte, beschloss Tomo, ihren Vater loszulassen. Zum einen wollte er weg von ihnen, zum anderen sah sie mittlerweile sogar ein, dass ihre Mutter wohl für einen Machertypen wie ihren Vater zu perfektionistisch war.

Lange Zeit bekam sie jedes Mal Brechreiz, wenn Hokkaidō in der Fernsehwerbung vorkam, und manchmal musste sie sich tatsächlich übergeben. Dann überrollten sie die Erinnerungen an das Klima in jenem Krankenzimmer derart, dass sie zu spüren meinte, wie sich feuchte Eiseskälte in ihre Wangen bohrte. Sie fühlte die Qual wieder in sich aufsteigen, es ausgerechnet an dem Ort, an den sie eigentlich so selbstverständlich wie an keinen anderen gehörte, nicht mehr auszuhalten und gleichzeitig nicht wegzukönnen.

Irgendwann im Frühjahr dieses Jahres erschien Herr Misawa dann nur noch alleine zum Mittagessen.

Tomo bemerkte die Veränderung sofort: Die finstere Miene, die Ränder unter den Augen – ihm ging es gar nicht gut.

Vielleicht ist jetzt meine Chance gekommen, dachte Tomo, doch da sie der Meinung war, einen angeschlagenen Menschen solle man besser in Frieden lassen, beobachtete sie ihn vorerst nur unauffällig aus der Ferne. Sie verspürte zwar eine gewisse Nervosität, dass eine andere ihn ihr in der Zwischenzeit wegschnappen könnte, trotzdem hielt sie sich geduldig zurück, zumal Herr Misawa immer weiter abmagerte. Nein, es war noch zu früh – das wäre ja ähnlich grausam, wie einem kranken kleinen Vogel Futter in den Schlund zu stopfen –, befand sie und behielt ihn weiter im Auge.

Und zwar nicht wie ein Falke auf Beutefang, sondern behutsam – so wie man eine Knospe beobachtet, die Zeit braucht, um irgendwann aufzublühen.

Eines Tages passierte es.

Die Kantine war voll, und so kam es, dass Herr Misawa und ein Pärchen aus seinem Kollegenkreis sich zu Tomo an den Tisch setzten.

Herr Misawa wandte sich an Tomo und sagte: »Entschuldigen Sie, dass es so eng wird.« Sie schwieg nur und lächelte. Bei derart gutem Benehmen lächelt man doch gerne!

Zunächst unterhielten sich die drei Kollegen untereinander, und Tomo pickte in kleinen Bissen ihr Reisgericht, während sie im Stillen ihr Glück auskostete, bis schließlich das Kollegenpärchen begann, über seine Reisepläne zu reden, was Herrn Misawa außen vor ließ und schließlich dazu führte, dass er sich Tomo zum ersten Mal richtig ansah.

»Sie arbeiten im Reisebereich, nicht wahr?«, fragte Tomo. Herr Misawa nickte. Ich liebe alles an ihm, sogar seine Haare auf den Fingern und die zu langen Nägel, dachte Tomo, wobei sie sich gleichzeitig fragte, was dieses Gefühl – »Liebe« – in ihrem Fall überhaupt zu bedeuten hatte.

Es war so ähnlich wie mit ihrem Wellensittich: Tomo mochte Vögel, und da machte ihr sogar der eklige Spalt an seiner Kehle nichts aus.

»Kennen Sie nicht zufällig einen Ort, an dem man Hokkaidō einfach liebgewinnen muss?«, fragte Tomo.

»Das ist einfach, Sie brauchen mich nur zu heiraten und in mein Elternhaus nach Otaru zu kommen!«, meinte Herr Misawa lachend. Tomos Herz schlug wie wild, doch ihn schien sein Scherz nicht die Spur verlegen gemacht zu haben, er schmunzelte nur.

»Otaru ist nämlich meine Heimat, müssen Sie wissen. Aber Scherz beiseite, es gibt dort wirklich sehr viele schöne Orte. Mögen Sie Hokkaidō denn nicht?«

»Nein, überhaupt nicht. Ich war nur ein einziges Mal da, und dieser erste Eindruck war schlecht.«

»Ja, so ist das manchmal. Aber wir sollten unbedingt etwas dagegen unternehmen. Ich liebe Hokkaidō nämlich sehr!«

Herr Misawa lachte so sympathisch. Ein Lachen, als wollte er ihr wirklich von ganzem Herzen die Vorzüge von Hokkaidō nahebringen. Tomo gab ihm ihre Mail-Adresse, und sie begannen, sich zu schreiben.

Zusammen essen gingen sie das erste Mal in ein einfaches, kleines Restaurant, das ungefähr fünfzehn Minuten zu Fuß von ihrem Bürogebäude entfernt lag.

Obwohl er doch so beschäftigt war, hatte sich Herr Misawa die Mühe gemacht, ihr eine Tasche voller Infomaterial über Hokkaidō mitzubringen, Broschüren über heiße Quellen, Fotos, frühere Ausgaben der Zeitschrift, an der er mitarbeitete, und so weiter.

»Wenn Sie in etwas entlegenere Gegenden hinausfahren, finden Sie eine Menge Unterkünfte mit herrlicher Aussicht. Werden Sie mit Ihrem Freund verreisen?«, fragte Herr Misawa.

»Eigentlich wollte ich mit meiner Mutter fahren. Aber sie ist vor Kurzem gestorben, deshalb werde ich die Reise jetzt alleine in Angriff nehmen. Vielleicht, so hoffe ich, wird dann auch die Seele meiner Mutter ihren Frieden mit Hokkaidō machen können und ihre Ruhe finden.«

»Woran ist Ihre Mutter verstorben?«

»An einer Subarachnoidalblutung. Es ging alles sehr schnell.«

In jener Nacht war Tomo Hals über Kopf ins Krankenhaus gestürzt, wo sie ganz auf sich allein gestellt war. Liebend gerne hätte sie ihren Vater angerufen, fast hätte sie es nicht ausgehalten. Aber sie hatte ihn schon so lange nicht mehr gesehen – der Vater, den sie jetzt so gerne bei sich gehabt hätte, war sowieso nur der liebevolle Vater von früher, und den gab es nicht mehr. Mittlerweile war er nichts weiter als ein Fremder in einer anderen Wirklichkeit, in der er wahrscheinlich gerade mit seiner neuen Familie gemütlich vor dem Fernseher saß.

Ihre Mutter hatte der anhaltenden Welle von Schlaganfällen nicht standhalten können und ihren letzten Atemzug getan, noch bevor Tomo im Krankenhaus angekommen war, und es sollte noch eine ganze Weile dauern, bis ihre Oma und ihre Tante vom Lande hier eintrafen. Sie befand sich in der Notaufnahme, die Menschen um sie herum rannten wild durcheinander. Immer, wenn sie beobachtete, wie wieder jemand, der mit dem Rettungswagen eingeliefert worden war, umringt von seiner Familie nach Hause gehen konnte, als wäre nichts geschehen, kamen ihr die Tränen.

Ach, wenn wir doch auch so zusammen nach Hause gehen könnten wie diese Leute da, hatte sie gedacht.

Aber da ist nichts mehr zu machen, es ist vorbei, man kann nichts mehr tun, ich muss mich damit abfinden, hatte sie immer wieder zu sich selbst gesagt, während sie im stockfinsteren Krankenhausgarten, an einen Baum gelehnt, in den Himmel sah. Die schaukelnden Zweige hoben sich pechschwarz von dem dunklen Himmel ab und hatten einen wunderschönen Schattenriss mit Spitzenmuster geschaffen. Die Baumrinde hatte sich warm angefühlt.

Als sie daran zurückdachte, stiegen ihr Tränen in die Augen.

»Ich verstehe ... Wie furchtbar«, sagte Herr Misawa. »Ich werde Ihnen jedenfalls mit Rat und Tat zur Seite stehen, damit es eine schöne Reise wird. Herrje, ich klinge schon wie jemand vom Reisebüro! Kein Wunder, ich habe ja auch ähnlich viele Prospekte mitgebracht.«

Tomo nickte.

Herr Misawa hatte trainierte Beine, die durch die Recherchearbeit allerlei Rennerei gewohnt zu sein schienen, und eine Körperkraft, die es ihm erlaubte, mit dieser schweren Tasche herumzulaufen, als ob er nicht das mindeste in der Hand hielte.

Könnte ich doch nur mit dir zusammen durch Hokkaidō reisen, dann würde ich es ganz bestimmt liebgewinnen! Diese Worte steckten ihr schon in der Kehle, doch noch war sie nicht fähig, sie auszusprechen.

Aber schon die bloße Vorstellung, sie zu sagen, ließ sie vom Hals bis zu den Haarwurzeln knallrot werden.

Nun zu einem ganz anderen Thema.

Diese Zeilen schreibt nicht etwa Tomo, sondern eine Schriftstellerin, die einen flüchtigen Blick auf ihr Leben werfen durfte; und auch die Schriftstellerin schreibt nicht im eigentlichen Sinne selbst, sondern handelt im Auftrag einer höheren Instanz, die hier der Einfachheit halber »Gott« genannt werden soll.

»Warum gerade ich? Warum passiert das ausgerechnet mir?« Auch heute werden sich wieder unzählige Menschen auf der ganzen Welt diese Frage stellen, die einen zu zerreißen vermag. Und ja, es stimmt, Gott hilft einem nicht. Er konnte weder Tomos Vater die Augen öffnen, noch hat er ein Donnergrollen oder sonst was vom Himmel gesandt, um ihre Vergewaltigung zu verhindern, und er ist auch nicht plötzlich erschienen, um ihr den Arm um die Schultern zu legen, als sie mutterseelenallein im Krankenhausgarten stand und weinte.

Es ist nicht gesagt, ob Herr Misawa und Tomo tatsächlich glücklich miteinander werden. Anders ausgedrückt: Es könnte sein, dass sie zwar zusammen nach Hokkaidō fahren, dass Herr Misawa dann aber beim Anblick von Tomos flachem Busen oder ihren zu dunklen Brustwarzen enttäuscht ist; genauso gut könnte er sich angezogen fühlen von der rätselhaften Aura der Weisheit, die Tomo umgibt. Vielleicht bezaubert ihn dieses Mysterium sogar dermaßen, dass die beiden heiraten. Doch selbst wenn sie heiraten sollten, muss das nicht immerwährendes Glück für Tomo bedeuten. Genauso gut wäre denkbar, dass Herr Misawa es ihrem Vater gleichtut und sie irgendwann für eine jüngere Frau verlässt.

Was auch immer passiert, Gott wird ihr nicht helfen.

Und doch ruhten die Augen einer Macht, die viel zu winzig ist, um sie Gott zu nennen, immerzu auf Tomo. Diese Augen waren weder voller Leidenschaft noch voller Tränen, noch voller Ansporn, sondern einfach nur glasklar auf sie gerichtet und sahen ihr ruhig dabei zu, wie sie unverdrossen immer mehr von etwas sehr Wichtigem anhäufte.

Sie ruhten auf der zutiefst verletzten Tomo, als sie mit ansehen musste, wie ihr Vater der Sekretärin verfiel, sahen den Schmerz in ihrer Brust, wenn sie sich deshalb nächtelang im Bett hin- und herwälzte, sahen ihren vor Kummer gebeugten Rücken. Die Augen sahen, wie der Freund aus Kindertagen sie aus lauter Lüsternheit niederschlug, ausgerechnet dort, wo sie als Kinder zusammen gespielt hatten, sahen sie auf dem Boden liegen, der sich rauh und hart anfühlte, sahen ihr erstarrtes, trauriges Gesicht, als sie danach alleine nach Hause schlich.

Und selbst in der Dunkelheit jener einsamsten Nacht, als ihre Mutter gestorben war, wurde Tomo von irgendetwas in den Arm genommen. Von dem samtenen Glanz der Nacht, vom Wind, der ihr sachte über die Haut strich, vom Funkeln der Sterne, von all solchen Dingen.

Tief im Innern wusste Tomo das. Deshalb war sie niemals wirklich mutterseelenallein.

KATHERINE MANSFIELD

Miss Brill

Obwohl das Wetter strahlend schön war – der blaue Himmel goldbestäubt und große Lichtflecke wie Weißwein über die *Jardins Publiques* gespritzt –, war Miss Brill doch froh, daß sie sich für ihre Pelzboa entschieden hatte. Es war windstill, aber wenn man den Mund öffnete, spürte man ein leichtes Frösteln, wie man es spürt, ehe man an einem Glas Eiswasser nippt, und dann und wann kam ein Blatt angesegelt – von irgendwoher aus dem Himmel. Miss Brill hob die Hand und berührte ihre Boa. Das liebe kleine Tier! Wie schön, es wieder anzufühlen! Am Nachmittag hatte sie es aus der Schachtel genommen, hatte das Mottenpulver herausgeschüttelt, es tüchtig gebürstet und dann wieder Leben in die matten kleinen Augen gerieben. ›Was ist mir nur zugestoßen?‹ hatten die traurigen kleinen Augen gefragt. Oh, wie niedlich sie wieder von der roten Daunendecke zu ihr aufblitzten! … Aber die Nase, die aus einem schwarzen Material bestand, war gar nicht mehr fest. Sie mußte irgendwann einen Stoß abbekommen haben. Einerlei! Wenn es nötig würde, genügte ein Kleckschen schwarzer Siegellack … erst dann, wenn es unbedingt nötig war … Der kleine Racker! Ja, sie empfand es wirklich so. Ein kleiner Racker, der sich in den Schwanz biß – dicht an ihrem linken Ohr. Am liebsten hätte sie ihn abgenommen, auf ihren Schoß gelegt und gestreichelt. In den Händen und Armen verspürte sie ein leichtes Kribbeln, aber das kam vermutlich vom Gehen. Und wenn sie atmete, schien sich etwas Leichtes und Trauriges – nein, nicht richtig Trauriges, etwas Sanftes in ihrer Brust zu regen. Am heutigen Nachmittag waren viele Leute im Freien, viel mehr als am letzten Sonntag. Und die Kapelle spielte lauter und fröhlicher. Das war, weil die Saison begonnen hatte. Denn obgleich die Kapelle an den Sonntagen das ganze Jahr über spielte, war es außerhalb der Saison nie dasselbe. Es war, wie wenn jemand nur für seine Familie als Zuhörerschaft spielte. Wenn keine Fremden da waren, war es der Kapelle gleichgültig, wie sie spielten. Und trug nicht auch der Kapellmeister einen neuen Rock? Sie war überzeugt, daß er neu war. Er scharrte mit dem Fuß und schwenkte seine Arme genau wie ein Gockelhahn, bevor er kräht, und die Musikanten, die in der grünen Rotunde saßen, bliesen die Backen auf und starrten auf die Noten. Jetzt kam eine kleine Flötenpassage – sehr hübsch! Eine kleine Kette glänzender Tropfen. Sie war sicher, daß es wiederholt werden würde – und es wurde wiederholt! Sie hob den Kopf und lächelte.

Nur zwei Leute teilten ihren Lieblingsplatz mit ihr: ein schmucker alter Mann in einer Samtjacke, dessen Hände auf einem wuchtigen geschnitzten Spazierstock lagen, und eine dicke alte Frau, die sich gerade hielt und ein Strickzeug auf ihrer gestrickten Schürze liegen hatte. Sie sprachen nicht. Das war enttäuschend, denn Miss Brill freute sich immer auf eine Unterhaltung. Sie fand, daß sie es darin schon zu einer ziemlichen Fertigkeit gebracht hatte: zuzuhören, als höre sie nicht zu, und für eine kurze Minute in andrer Leute Leben zu sitzen, wenn um sie her gesprochen wurde.

Sie streifte das alte Paar mit einem Seitenblick. Vielleicht gingen sie sogar bald wieder. Auch der vorige Sonntag war nicht so interessant wie sonst oft gewesen. Da war's ein Engländer mit seiner Frau – er mit einem scheußlichen Panamahut und sie mit Knopfstiefeln! Und die ganze Zeit hatte sie darüber geredet, daß sie eine Brille haben müsse, daß sie wisse, sie brauche eine, daß es jedoch nicht sinnvoll wäre, eine zu kaufen, denn sie würde bestimmt zerbrechen und nie gut sitzen. Er schlug alles Mögliche vor: eine goldene Fassung, Bügel, die sich um die Ohren bogen, oder einen kleinen Belag unter dem Steg. Nein, nichts war ihr recht gewesen. »Sie wird mir doch bloß die Nase herunterrutschen!« Miss Brill hätte sie am liebsten geschüttelt.

Die alten Leute saßen so still wie Statuen auf der Bank. Einerlei, ihr blieb immer noch die Menschenmenge, die sie beobachten konnte. Hin und her, vor den Blumenbeeten und um die Rotunde wandelten sie in Paaren und Gruppen, blieben stehen, um zu plaudern, sich zu begrüßen oder eine Hand voll Blumen von einem alten Bettler zu kaufen, der seine Auslage am Gitter befestigt hatte. Kleine Kinder rannten zwischen ihnen umher, jachterten und lachten; kleine Jungen hatten große weiße Seidenschleifen unter dem Kinn; kleine Mädchen waren wie französische Puppen in Samt und Spitzen herausstaffiert. Und manchmal kam ein winziger Knirps unter den Bäumen hervor ins Freie gewakkelt, blieb stehen, staunte und plumpste genauso unvermittelt hin, bis seine kleine Mama auf hohen Absätzen und wie eine Glucke scheltend zu seiner Rettung angestürzt kam.

Andere Leute saßen auf Bänken und grünen Stühlen, aber das waren Sonntag für Sonntag fast immer dieselben, und Miss Brill hatte oft bemerkt, daß fast allen etwas Komisches anhaftete. Sie waren wunderlich, schweigsam, fast alle alt, und nach der ganzen Art, wie sie vor sich hinstarrten, hätte man glauben können, sie kämen gerade aus dunklen kleinen Kammern – oder gar Kabuffs!

Hinter der Rotunde reckten sich schlanke Bäume mit niederhängenden gelben Blättern, und zwischen ihnen als feine Linie das Meer, und dahinter der blaue Himmel mit den goldgeäderten Wolken.

Tumm-tumm-tumm ta-ta-tumm! Ta-ta-tumm! Tumm-dideldumm! blies die Kapelle.

Zwei junge Mädchen in Rot schlenderten vorbei, und zwei junge Soldaten stießen zu ihnen, und sie lachten und gingen paarweise Arm in Arm weiter. Zwei Bäuerinnen in komischen Strohhüten gingen ernst vorbei und führten zwei schöne rauchgraue Esel am Zaum. Eine schöne Dame kam einher und ließ ihren Veilchenstrauß fallen, und ein kleiner Junge rannte ihr nach, um sie ihr zu geben, und sie nahm sie und warf sie weg, als seien sie vergiftet. Lieber Himmel! Miss Brill wußte nicht, ob sie es bewundern sollte oder nicht. Und jetzt, genau vor ihr, begegneten sich eine Hermelintoque und ein Herr in Grau. Er war groß und steif und würdevoll, und sie trug die Hermelinkappe, die sie gekauft hatte, als ihr Haar noch blond war. Jetzt hatte alles – ihr Haar, ihr Gesicht und sogar ihre Augen – dieselbe Farbe wie der schäbige Hermelin, und die Hand in den gereinigten Handschuhen, die sie hob, um ihre Lippe zu betupfen, war eine winzige gelbliche Klaue. Oh, sie war so erfreut, ihn zu sehen, geradezu entzückt! Sie hatte beinah angenommen, daß sie sich heute nachmittag begegnen würden. Sie erzählte, wo sie gewesen war, überall, hier und dort und am Meer. Ein so bezaubernder Tag – fand er nicht auch? Und würde er vielleicht …? Aber er schüttelte den Kopf, zündete sich eine Zigarette an, blies ihr langsam eine große Rauchwolke ins Gesicht und warf, während er noch sprach und lachte, das Zündholz weg und ging weiter! Die Hermelintoque war allein; sie lächelte strahlender denn je. Aber sogar die Kapelle schien zu wissen, wie ihr zumute war, und spielte weich, spielte zärtlich, und die Trommel hämmerte wieder und immer wieder: ›Der Lümmel! Der Lümmel!‹ Was würde sie jetzt tun? Was würde geschehen? Doch während Miss Brill sich noch Gedanken machte, drehte die Hermelintoque sich um, als hätte sie drüben jemand anderen gesehen, einen viel Netteren, und tippelte davon. Und die Kapelle spielte wieder anders, spielte schneller, spielte fröhlicher denn je, und das alte Paar auf Miss Brills Bank stand auf und zog ab, und ein sehr ulkiger alter Mann mit einem langen Backenbart humpelte im Takt zur Musik vorbei und wäre beinah von vier Arm in Arm gehenden Mädchen über den Haufen gerannt worden.

Oh, wie interessant es war! Wie sie es genoß! Wie sie es liebte, hier zu sitzen und alles zu beobachten! Es war wie im Theater, genau wie eine Theatervorstellung. Wer konnte es glauben, daß der Himmel dort hinten nicht ein gemalter Hintergrund war? Doch erst, als ein kleiner brauner Hund ehrpusselig einhergetrabt kam und dann langsam wegtrapste wie ein Theaterhündchen, ein Hündchen, das eine Spritze bekommen hatte – erst da fand Miss Brill heraus, warum alles so aufregend war. Es kam daher, weil *sie alle* auf der Bühne waren. Sie waren nicht nur Publikum und schauten nicht nur zu, sondern sie spielten mit! Auch sie hatte ihre Rolle und kam jeden Sonntag. Bestimmt wäre es jemandem aufgefallen, wenn sie einmal nicht hier gesessen hätte: sie gehörte schließlich auch zur Vorstellung! Wie merkwürdig, daß sie es niemals so betrachtet hatte! Und doch erklärte es, weshalb sie darauf bedacht war, jede Woche zur genau gleichen Zeit von zu Hause aufzubrechen: um ihren Auftritt nicht zu verpassen! Und es erklärte auch, weshalb sie eine wunderliche Scheu empfand, ihren Englisch-Schülern zu erzählen, wie sie ihre Sonntagnachmittage verlebte. Kein Wunder!, Miss Brill hätte beinah laut aufgelacht. Sie gehörte auf die Bühne! Sie dachte an den kränklichen alten Herrn, dem sie an vier Nachmittagen der Woche aus der Zeitung vorlas, während er im Garten sein Nickerchen hielt. Sie hatte sich ganz an den gebrechlichen Kopf auf dem Baumwollkissen gewöhnt, an die tiefliegenden Augen, den offenen Mund und die scharf hervortretende, schmale Nase. Wäre er tot gewesen, hätte sie es vielleicht wochenlang nicht gemerkt – es wäre ihr gar nicht aufgefallen! Doch plötzlich erfuhr er, daß ihm die Zeitung von einer Schauspielerin vorgelesen wurde! »Von einer Schauspielerin?« Der alte Kopf hob sich; in den alten Augen glommen zwei Lichtfunken auf. »Sie? Eine Schauspielerin?« Und Miss Brill glättete die Zeitung, als wäre sie ihr Rollenheft, und erwiderte sanft: »Ja, ich war lange Zeit Schauspielerin!«

Die Musikkapelle hatte eine Pause gehabt. Jetzt begannen sie wieder. Und was sie spielten, war warm und sonnig, und doch klang ein leichtes Erschauern mit, irgendein –

was war es nur? – etwa Traurigkeit? Nein, nicht Traurigkeit, sondern etwas, was zum Singen anregte. Die Melodie schwang sich auf, hoch hinauf, und das Licht glänzte; Miss Brill glaubte, im nächsten Augenblick würden alle, die ganze Gesellschaft, zu singen anfangen. Die Jungen, die Lachenden, die zusammen umhergingen, würden anfangen, und dann würden die Männer entschlossen und kräftig mit ihren Stimmen einsetzen. Und dann auch sie, auch sie, und die andern auf all den Bänken würden einfallen, eine Art Begleitung anstimmen – etwas Leises, das kaum anstieg oder sank, etwas so Schönes, Ergreifendes … Und Miss Brills Augen füllten sich mit Tränen, und lächelnd blickte sie auf all die Mitglieder ihrer Truppe. Ja, wir verstehen, wir verstehen, dachte sie – doch was sie verstanden, das wußte sie nicht.

Gerade in diesem Augenblick kamen ein junger Mann und ein junges Mädchen und setzten sich dorthin, wo das alte Paar gesessen hatte. Sie waren wundervoll angezogen, und sie waren verliebt. Natürlich! Held und Heldin, soeben von ihrer Jacht eingetroffen! Und Miss Brill noch immer lautlos singend, noch immer mit dem zitternden Lächeln – war bereit zu lauschen.

»Nein, nicht jetzt«, sagte das Mädchen. »Nicht hier! Ich kann nicht!«

»Aber warum nicht? Wegen der dummen Alten auf der andern Ecke? Warum kommt die überhaupt her? Wer will sie? Warum läßt sie ihre dumme alte Fratze nicht zu Hause?«

»Ihr Pelz ist so kakomisch«, kicherte das Mädchen. »Er sieht genauso aus wie'n gebratener Weißfisch!«

»Ach, hör schon auf damit!« flüsterte er ärgerlich. Dann: »Aber sag mir, ma *petite chère* …«

»Nein, nicht hier«, sagte das Mädchen. »*Noch* nicht!«

Auf dem Heimweg kaufte sich Miss Brill meistens eine Scheibe Honigkuchen beim Bäcker. Es war der sonntägliche Leckerbissen. Manchmal war eine Mandel in ihrem Stück, und manchmal auch nicht. Das spielte eine besondere Rolle. Wenn eine Mandel drin war, dann war es, als trüge man ein kleines Geschenk heim, eine Überraschung, etwas, das ebensogut nicht hätte dabeisein können. An den Mandelsonntagen beeilte sie sich und zündete das Streichholz für den Teekessel geradezu mit Schwung an.

Doch heute ging sie am Bäckerladen vorbei, erklomm die Treppe, betrat das kleine dunkle Zimmerchen – ihr Kabuff – und setzte sich auf die rote Steppdecke. Lange saß sie dort. Die Schachtel, aus der die Pelzboa gekommen war, stand am Fußende. Schnell öffnete sie die Schließe; schnell, ohne hinzusehen, legte sie den Pelz hinein. Aber als sie den Deckel drüberstülpte, glaubte sie, etwas weinen zu hören.

1943

26. JUNI 1943 »Globalism«* in der Wildenstein gesehen – nichts, was Klee, Miró oder Dalí nicht schon gemacht hätten. Feininger usw. und ein Maler namens Sewan [Schewe] (glaube ich), dessen Arbeit als »poetisch« bezeichnet wird, wir beide haben uns lange unterhalten in diesem heißen Raum. Zu Hause viel zu tun. Es ist wichtig für mich, allein zu leben, weil ich alle meine Stimmungen ausloten will, und ich will nicht, dass dann eine Frau hereinkommt und mir eine Tasse Kakao bringt! Nein! In Zeiten wie diesen verzehre ich mich selbst, und ich liebe es. Wenn ich dann aufwache, bin ich immer noch ich selbst und glücklich darüber. Energie ist ein Geschenk der Götter.

Gute Nacht! (280,04 $ auf der Bank.)

---

* Dritte Jahresausstellung der Federation of Modern Painters and Sculptors in der Wildenstein Gallery.

DORIS DÖRRIE

Das große Fressen

Seltsam, eigentlich bin ich die Letzte, die sich über fehlende Tischmanieren aufregt. Neuerdings jedoch reagiere ich immer heftiger auf Mitmenschen, die sich quer über den Tisch legen und ungeniert in sich hineinfressen, den Unterarm vorm Teller, die Gabel in der Faust, das Handy gleich daneben. Was regt mich daran so auf? Zum einen sieht es wirklich nicht schön aus, es ist so ziemlich das glatte Gegenteil von graziös oder elegant, aber das erwarte ich gar nicht. Was mich stört, ist die Missachtung des Essens und des Vorgangs, es sich einzuverleiben. Es scheint völlig wurscht zu sein, was man in sich hineinschaufelt, Hauptsache, es schmeckt irgendwie nach irgendwas, während man sich eigentlich mit etwas anderem beschäftigt.

Ja, es kann ziemlich langweilig sein, allein zu essen, und mühsam, da auch noch Manieren zu haben, und wer hätte nicht in Ermangelung eines Handys oder einer Zeitung schon die Aufdrucke von Milch- und Müsliverpackungen studiert, die anscheinend nur für den einsamen Esser gedichtet werden. »Heumilch aus dem frischen Heu, von der Kuh extra für dich.« Echt jetzt? »Schmeck dich frisch!« Wie geht das? Inzwischen gibt es ganz andere Möglichkeiten, sich nicht beim Essen zu langweilen: In Korea machen junge Leute Karriere, die allein am Tisch vor sich hin essen und sich dabei filmen. Sie machen nichts weiter, als Unmengen von Essen in sich hineinzustopfen und auf Youtube zu stellen. Seltsam? »*Meokbang*« heißt dieser Trend. Sie sprechen noch nicht einmal dabei. Essensgenossen, die genauso allein essen wie sie selbst, schauen ihnen dabei zu. Auf Tischmanieren verzichten sie dabei – wie ihre Zuschauer wohl auch.

Ellenbogen vom Tisch! Sitz gerade! Mit dem Essen spielt man nicht! Iss langsam! Schling nicht so! Lad dir nicht so viel auf den Teller! Warte, bis alle am Tisch sitzen! Fang nicht als Erste an! Beide Hände auf den Tisch! Ich höre diese Ermahnungen aus meiner Kindheit bis heute. Ich fand sie lästig, wollte mich, immer hungrig wie ein Wolf, am liebsten ungehindert aufs Essen stürzen und es verschlingen, aber durch die ständige Wiederholung zwangen sie mich, das Essen als Ritual mit bestimmten, unumstößlichen Regeln zu begreifen. Es ist zugegebenermaßen schwer, diese Regeln aufrechtzuerhalten, wenn wir nicht mehr regelmäßig zusammen essen; immer mehr »*to go*« als »*to sit down*«. Aber verlieren wir nicht etwas ganz Entscheidendes, wenn wir den Essensvorgang nicht mehr ritualisiert wahrnehmen?

Ich denke, wir isolieren uns auf diffuse Weise von der Welt, wenn wir uns nicht jedes Mal wieder klarmachen, wie viele Menschen, Tiere und Pflanzen daran beteiligt waren, um dieses Essen vor mir auf den Teller zu bringen. Da könnte ich jetzt echt mal den Ellenbogen vom Tisch nehmen, ein klein wenig Grazie in mir hervorkramen – und mich vielleicht sogar vor meinem gefüllten Teller verbeugen. Nur ganz kurz. Wäre ja sonst seltsam.

Fast schon in Iowa

Auf Entdeckungsfahrt zum Pfad der Tugend

Für den Fahrer war Reisen ein erprobtes Mittel zum Nachdenken, der Volvo dagegen war noch nie über Vermont hinausgekommen. Der Fahrer war ein gewissenhafter Reisender: Regelmäßig kontrollierte er den Ölstand und reinigte die Windschutzscheibe, und in der linken Brusttasche, neben einem Kugelschreiber, steckte sein eigener Reifendruckmesser. Der Kugelschreiber war für die Eintragungen ins Fahrtenbuch; dort wurden Dinge wie Benzinverbrauch, Straßengebühren und Fahrtzeit vermerkt.

Der Volvo wußte diese Sorgfalt des Fahrers zu schätzen; die Route 9 von Brattleboro nach Bennington war eine Strecke ohne Risiko. Als auf den Schildern die ersten Hinweise auf die Staatsgrenze von New York auftauchten, sagte der Fahrer: »Alles in Ordnung.« Der Volvo glaubte ihm.

Es war eine verstaubte, tomatenrote, zweitürige Limousine, Baujahr 1969, mit schwarzen Semperit-Gürtelreifen, serienmäßigem Vier-Gang-Schaltgetriebe, vier Zylindern, Doppelvergaser und 72380 Kilometern Straßenerfahrung ohne Radio. Der Fahrer hatte das Gefühl, daß ein Radio sie beide nur ablenken würde.

Sie waren um Mitternacht in Vermont losgefahren. »Sonnenaufgang in Pennsylvania!« sagte der Fahrer zum besorgten Volvo.

In Troy, New York, versicherte der Fahrer dem Volvo mit wiederholtem Herunterschalten und aufmunternder Stimme, daß sie dies binnen kurzem hinter sich haben würden. »Das ist bald vorbei«, sagte er. Der Volvo glaubte ihm. Manchmal muß man sich Illusionen hingeben.

Auf der fast leeren Zufahrt zum New York State Thruway Richtung Westen legte ein unschuldiger Volkswagen eine gewisse Unentschlossenheit an den Tag, welche Spur er nehmen sollte. Der Fahrer schob sich dicht hinter den Volkswagen und gestattete dem Volvo zu hupen; der Volkswagen zog, der Panik nahe, scharf nach rechts; der Volvo jagte links vorbei, setzte sich aggressiv dicht vor den Volkswagen und ließ die Bremslichter aufleuchten.

Danach ging es dem Volvo besser.

Der New York State Thruway dehnt sich stundenlang; der Fahrer wußte, daß Monotonie gefährlich ist. Darum verließ er den Thruway in Syracuse, machte einen langen Umweg über Ithaka, fuhr in weitem Bogen um den Lake Cayuga und kam bei Rochester wieder auf den Thruway. Die Landschaft hatte eine tröstliche Ähnlichkeit mit Vermont. Es roch nach reifen Äpfeln, und vor den Scheinwerfern fielen Ahornblätter zu Boden. Nur einmal sahen sie ein schockierendes, beleuchtetes Schild, das das Vertrauen des Volvos erschütterte. LEBENDE KÖDER! stand darauf. Auch beim Fahrer beschwor es beunruhigende Phantasien herauf, doch er wußte, daß es ansteckend sein konnte, wenn er seine Vorstellungen zu plastisch ausmalte. »Bloß kleine Würmer und so«, sagte er zum dahinschnurrenden Volvo. In seinem Kopf jedoch schlich der Gedanke an *andere* mögliche »lebende Köder« umher – eine Art Schreckmittel, das die Fische, anstatt sie zu verleiten, am Haken zu zupfen, aus dem Wasser scheuchen würde. Man brauchte bloß ein paar dieser Spezialköder ins Wasser zu werfen und dann die entsetzten, zappelnden Fische einzusammeln, die ans Ufer sprangen. Vielleicht war LEBENDE KÖDER! aber auch der Name eines Nachtclubs.

Der Fahrer empfand tatsächlich einige Erleichterung, als er zum Thruway zurückkehrte. Nicht jede Abzweigung von der Hauptstraße führte auch wieder zu ihr zurück. Doch der Fahrer tätschelte nur das Armaturenbrett und sagte: »Nicht mehr lange, und wir sind in Buffalo.«

Am Himmel war eine Art Licht, wie es nur Entenjäger und Marathonenthusiasten kennen. Der Fahrer hatte dieses Licht nur selten zu sehen bekommen.

Der Eriesee lag so still und grau da wie ein toter Ozean; auf der Pennsylvania Interstate waren nur die wenigen Frühaufsteher unterwegs, die zur Arbeit nach Ohio fuhren. »Laß dich von Cleveland nicht runterziehen«, sagte der Fahrer vorsorglich.

Der Volvo wirkte überaus gut in Form: Die Reifen waren kühl, das Öl reichte bis zur oberen Markierung des Peilstabs, das Batteriewasser war klar und reichlich vorhanden, und der Benzinverbrauch lag bei 10,6 Litern auf hundert Kilometern. Die zerfetzten Flügel und Insektenleichen auf

Windschutzscheibe und Kühlergrill waren das einzige, was verriet, daß sie die ganze gräßliche Nacht hindurch gefahren waren.

Der Tankwart mußte kräftig mit der rauhen Seite des Schwamms reiben. »Haben Sie's noch weit?« fragte er den Fahrer, doch der zuckte nur mit den Schultern. Am liebsten hätte er geschrien: So weit, wie es nur geht! – doch der Volvo stand ja direkt neben ihm.

Man muß aufpassen, wen man mit dem, was man sagt, verletzen könnte. Der Fahrer hatte beispielsweise niemandem gesagt, daß er wegfahren wollte.

Sie wichen dem Lastwagenverkehr rings um Cleveland aus, bevor Cleveland sie in seine Klauen bekommen konnte; sie hatten das Gefühl, daß der morgendliche Stoßverkehr wütend war, sie knapp verpaßt zu haben. COLUMBUS – SÜDEN stand auf einem Schild, doch der Fahrer schnaubte verächtlich und bog vom Ohio Freeway auf die Schnellstraße in Richtung Westen ab.

»Deine Krabben in Eiswasser kannst du behalten, Columbus«, sagte er.

Wenn man eine Nacht voller gut beherrschter Spannung hinter sich hat und am Morgen mit dem Gefühl unterwegs ist, im Gegensatz zu allen anderen einen fliegenden Start zu haben, kann man auf den Gedanken kommen, man könnte sogar Ohio schaffen – selbst Toledo erscheint einem nur eine kurze Sprintstrecke entfernt.

»Mittagessen in Toledo!« verkündete der Fahrer verwegen. Der Volvo erschauerte leicht bei hundertfünfundzwanzig, ging mühelos auf hundertdreißig und bekam den berühmten »zweiten Atem«. Sie hatten die Sonne im Rükken und genossen den Anblick des untersetzten, vor ihnen fliehenden Schatten des Volvos. Sie hatten das Gefühl, als könnten sie dieser Vision bis nach Indiana folgen.

Die Gefühle am frühen Morgen gehören zu den Illusionen, denen wir uns hingeben müssen, wenn wir je irgend etwas schaffen wollen.

An Ohio ist mehr dran, als man denkt; Sandusky hat mehr Ausfahrten, als vernünftig erscheint. An einer der zahlreichen und ununterscheidbaren Raststätten an der Schnellstraße hatte der Volvo einen schweren Anfall von Frühzündung, so daß der Fahrer den rüttelnden Husten des Wagens durch ruckartiges Einkuppeln ersticken mußte. Das ärgerte sie beide. Und als er nach dem Tanken den Verbrauch ausrechnete, war der Fahrer gedankenlos und voreilig genug, mit einem Kommentar zu dieser enttäuschenden Leistung herauszuplatzen: »17 Liter auf hundert Kilometer!« Anschließend beeilte er sich, dem Volvo zu versichern, daß das keine Kritik hatte sein sollen. »Es lag am Benzin«, sagte er. »Die haben dir schlechtes Benzin gegeben.«

Doch der Volvo ließ sich nur widerwillig und keuchend starten; der Leerlauf hatte sich verstellt, und als sie die Tankstelle verließen, gab es ein paar Fehlzündungen. Der Fahrer hielt es für das beste zu sagen: »Der Ölstand ist prima, da fehlt kein Tropfen.« Das war gelogen; der Volvo hatte einen halben Liter verbraucht – nicht genug zum Nachfüllen, aber das Öl stand unter der oberen Markierung. Als sie an einer der zahllosen Ausfahrten nach Sandusky vorbeifuhren, fragte sich der Fahrer einen quälenden Augenblick lang, ob der Volvo es *wußte*. Auf langen Strecken ist Vertrauen unerläßlich. Kann ein Auto spüren, daß sein Ölstand fällt?

»Mittagessen in Toledo«, trottete es dem Fahrer durch den Kopf wie ein Spottvers; sein übergangener Hunger erinnerte ihn daran, daß er an irgendeiner der vierzehn Ausfahrten, die vorgaben, nach Sandusky zu führen, in aller Ruhe etwas hätte essen können. Herrje, was *war* bloß dieses Sandusky?

Der Volvo hatte, auch wenn sein Durst gestillt und seine Scheiben geputzt waren, seit dem Frühstück in Buffalo keine richtige Verschnaufpause gehabt. Der Fahrer beschloß, auf sein eigenes Mittagessen zu verzichten. »Ich hab gar keinen Hunger«, sagte er munter, doch er spürte das Gewicht seiner zweiten Lüge. Der Fahrer wußte, daß manche Opfer Symbole sind. Wenn man eine Sache zusammen durchzieht, ist es von höchster Wichtigkeit, daß Unannehmlichkeiten gerecht verteilt sind. Das Gebiet, das als »Toledo« bezeichnet wurde, ließen sie am Nachmittag schweigend hinter sich wie ein unaussprechliches Gefühl der Leere. Und was den sinkenden Ölstand betraf, so wußte der Fahrer, daß ihm selbst ebenfalls ein halber Liter fehlte. O Ohio.

Fort Wayne, Elkhart, Muncie, Gary, Terre Haute und Michigan City – *ah, Indiana!* Ein anderer Staat, einer, der nicht zubetoniert ist. »So grün wie Vermont«, flüsterte der Fahrer. *Vermont!* Ein Zauberwort. »Das ist natürlich geschmeichelt«, fügte er hinzu und fürchtete gleich darauf, zuviel gesagt zu haben.

Ein reinigendes Gewitter brach in Lagrance über den Volvo herein; in Goshen rechnete der Fahrer 11,7 Liter auf hundert Kilometer aus, eine Zahl, die er dem Volvo vorsang wie eine Litanei – an Ligonier, an Nappanee vorbei. Als sie sich zum Herzland des Staates vorarbeiteten, spürte der Fahrer das Kommen eines noch nie dagewesenen »dritten Atems«.

Kühe schienen Indiana, den »Hoosier State«, zu mögen. Aber was war ein »Hoosier«?

Sollen wir in South Bend zu Abend essen? Nur einen Steinwurf von Notre Dame entfernt. Unsinn! 10,1 Liter auf hundert Kilometer! Weiter!

Selbst die Motels wirkten einladend; die Swimmingpools neben ihnen zwinkerten ihnen zu. Gute Nacht, angenehme Ruhe! schien Indiana zu singen.

»Noch nicht«, sagte der Fahrer. Er hatte Schilder gesehen, auf denen »Chicago« stand. Morgens aufzuwachen und zu wissen, daß Chicago bereits hinter einem lag, daß es erfolgreich umgangen, umspielt war – was für ein fliegender Start würde *das* erst sein!

An der Grenze zu Illinois schätzte er die Fahrtzeit, die Entfernung nach Chicago, die mögliche Konvergenz seiner Route mit dem Berufsverkehr usw. Der Volvo hatte seinen Anfall von Frühzündung überstanden. Er kam ohne Rütteln zur Ruhe und schien den berühmten »Blitzstart« gemeistert zu haben. Was sollte ihnen, nach dem Auftrieb, den Indiana ihnen gegeben hatte, in Illinois schon groß passieren?

»Um halb sieben heute abend fahren wir an Chicago vorbei«, sagte der Fahrer. »Dann ist der schlimmste Berufsverkehr vorüber. Dann fahren wir noch eine Stunde weiter, weg von Chicago, damit wir wieder richtig auf dem Land sind, und um spätestens acht ist Schluß. Eine Waschanlage für dich, ein Swimmingpool für mich! Mississippi-Wels in Weißweinsud, ein Bananensplit, einen halben Liter STP, Cognac in der Red Satin Bar, wir lassen dir ein bißchen Luft aus den Reifen, um zehn ins Bett, beim ersten Tageslicht über den Mississippi, Frühstück in Iowa, Würstchen von Freiland-Schweinen, Mittagessen in Nebraska, in Schmalz ausgebackenes Maisbrot zum Abendessen …«

Er überredete den Volvo. Sie fuhren in das, was auf den Nummernschildern als »das Land Lincolns« bezeichnet wurde.

»Leb wohl, Indiana! Dank dir, Indiana!« sang der Fahrer zur Melodie des alten Liedes »I Wish I Was a Hoosier« von M. Lampert. Was tun wir nicht alles, um den Eindruck zu erwecken, wir seien unbeschwert.

Der Smog zeichnete Schlieren in den Himmel, die Sonne war noch nicht untergegangen, aber verhangen. Der glatte Asphalt der Schnellstraße wurde von Betonplatten mit kleinen Fugen abgelöst, die im Sekundenrhythmus »Ka-plunk, ka-plunk, ka-plunk …« sagten. Endlose, schreckliche, identische Vororte aus Grillplätzen qualmten leise vor sich hin.

Vor dem ersten Schnellstraßenkreuz von Chicago hielt der Fahrer an, um zu tanken, einen prüfenden Blick auf den fallenden Ölstand zu werfen und den Reifendruck zu kontrollieren – nur zur Sicherheit. Der Verkehr wurde dichter. Das Transistorradio, das dem Tankwart um den Hals baumelte, verkündete, die Wassertemperatur des Michigansees betrage zweiundzwanzig Grad.

»*Uaah!*« sagte der Fahrer. Dann bemerkte er, daß die Uhr über der Zapfsäule eine andere Zeit zeigte als seine Armbanduhr. Er hatte irgendwo eine Grenze zwischen zwei Zeitzonen überquert – vielleicht in jenem Phantasiegebilde namens Indiana. Er kam eine Stunde früher nach Chicago, als er gedacht hatte: dickster Berufsverkehr wälzte sich an ihm vorbei. Ringsum sah er lauter Motels, deren Swimmingpools mit einer rußgrauen Soße gefüllt waren. Er dachte an die Kühe, die ihn mit sanftem Glockenklang hätten wecken können, dort hinten, im guten alten Indiana. Er war jetzt seit achtzehneinhalb Stunden unterwegs, und die einzige Pause, an die er sich erinnern konnte, war das Frühstück in Buffalo.

»Ein dicker Fehler in achtzehneinhalb Stunden ist gar nicht so schlecht«, sagte er zu dem Volvo. Es war eine für Optimisten notwendige Betrachtungsweise. Und eine bemerkenswerte Verdrängungsleistung, diesen Fehler als seinen ersten zu bezeichnen.

»Hallo, Illinois. Hallo, halb Chicago.«

Der Volvo schluckte einen Liter Öl, als wäre es jener erste große Cocktail in Indiana, auf den der Fahrer sich freute.

Wenn der Fahrer schon bei Sandusky gedacht hatte, diese Stadt habe sich krasser Unmäßigkeit schuldig gemacht, so brauchte es unmäßige Kraßheit, die Bandbreite seiner Gefühle gegenüber Joliet zu schildern.

Zwei Stunden Kolonnenverkehr auf wechselnden Spuren hatten ihn im Schneckentempo weniger als fünfzig Kilometer in südwestlicher Richtung von Chicago vorangebracht, und nun befand er sich an dem Schnellstraßenkreuz, wo die Reisenden nach Westen – bis nach Omaha und die nach Süden, nach St. Louis, Memphis und New Orleans, sich trennten. Ganz zu schweigen von den reisenden Narren, die sich nordwärts mühten, nach Chicago, Milwaukee und Green Bay, und den noch weniger zahlreichen, die nach Sandusky und in den lichtflimmernden Osten wollten.

Joliet, Illinois, war der Ort, wo Chicago nachts seine Lastwagen parkte. Joliet war der Ort, wo die Leute, die statt der Schnellstraße nach Missouri die nach Wisconsin erwischt hatten, ihren Fehler erkannten und aufgaben.

Die vier vierspurigen Schnellstraßen, die auf Joliet zuliefen wie paarungsbereite Spinnen, hatten zusammen zwei ›Howard Johnson Motor Lodges‹, drei ›Holiday Inns‹ und zwei ›Great Western Motels‹ gezeugt. Alle boten Hallenswimmingpools, Klimaanlage und Farbfernseher. Die Farbfernseher waren ein absurder Versuch in Richtung Idealismus: Sie sollten Farbe nach Joliet, Illinois, bringen, einer Region, die hauptsächlich schwarzweiß war.

Um halb neun gab der Fahrer auf und bog von der Schnellstraße ab.

»Tut mir leid«, sagte er zum Volvo. Es gab keine Waschanlage am ›Holiday Inn‹. Wozu auch? Und es ist zu bezweifeln, daß der Volvo ihn überhaupt hörte oder sich hätte trösten lassen: Er hatte gerade wieder einen Anfall von Frühzündung, der den heftig ein- und auskuppelnden Fahrer so durchschüttelte, daß er alle Geduld verlor.

»Scheißkarren!« murmelte er in eine plötzliche unangenehme Stille hinein – es war eine kurze Atempause im Husten des Volvos. Das konnte er nicht mehr zurücknehmen.

Der Volvo stand da und tickte heiß, die Reifen waren warm und hart, die Vergaser hoffnungslos zerstritten, die Zündkerzen verkrustet und der Ölfilter zweifellos verstopft und so undurchlässig wie ein Schließmuskel.

»Es tut mir leid«, sagte der Fahrer. »Ich hab's nicht so gemeint. Morgen früh geht's mit frischen Kräften weiter.«

In der von gespenstischem grünem Licht beleuchteten Hotelhalle, die mit Schildkrötenaquarien und Topfpalmen ausgestattet war, traf der Fahrer auf ungefähr elfhundert andere Reisende, die ein Zimmer wollten. Sie waren allesamt in einer ähnlich verwirrten Verfassung wie er, und alle sagten zu ihren Frauen und Kindern: »Es tut mir leid – morgen früh geht's mit frischen Kräften weiter.«

Doch allenthalben herrschten Zweifel. Wenn das Vertrauen Schaden genommen hat, hat man alle Hände voll zu tun.

Der Fahrer wußte, wann das Vertrauen Schaden genommen hatte. Er setzte sich auf das industriell gefertigte Doppelbett in Zimmer 879 im ›Holiday Inn‹ und meldete ein R-Gespräch mit seiner Frau in Vermont an.

»Hallo, ich bin's«, sagte er.

»Wo *bist* du?« schrie sie. »Herrgott, alle suchen dich!«

»Tut mir leid«, sagte er.

»Die ganze blöde Party hab ich nach dir abgesucht«, sagte sie. »Ich war sicher, daß du dich mit dieser Helen Cranitz irgendwohin verdrückt hast.«

»Oje.«

»Ja, und dann hab ich mich schließlich so weit erniedrigt, sie tatsächlich zu finden … mit Ed Poines.«

»Oje.«

»Und als ich dann sah, daß du den Wagen genommen hast, hab ich mir solche Sorgen gemacht, was du wohl schon getrunken hattest ...«

»Ich war völlig nüchtern.«

»Tja, Derek Marshall mußte mich nach Hause fahren, und er war *nicht* nüchtern.«

»Tut mir leid.«

»Es ist ja nichts *passiert*.«

»Tut mir leid ...«

»Es tut dir *leid*!« schrie sie. »Wo bist du? Ich hab den Wagen gebraucht, um Carey zum Zahnarzt zu fahren. Ich hab die Polizei angerufen.«

»Oje.«

»Na ja, ich dachte, du liegst vielleicht irgendwo neben der Straße im Graben.«

»Der Wagen ist völlig in Ordnung.«

»Der *Wagen*!« rief sie. »Wo bist du? Um Himmels willen ...«

»Ich bin in Joliet, Illinois.«

»Hör zu, ich hab die Nase voll von deinen blödsinnigen Späßen ...«

»Wir sind bei Chicago hängengeblieben, sonst wären wir jetzt schon in Iowa.«

»Wer ist ›wir‹?«

»Nur ich.«

»Du hast gesagt ›wir‹.«

»Tut mir leid ...«

»Ich will bloß wissen, ob du heute abend nach Hause kommst.«

»Es ist unwahrscheinlich, daß ich das schaffe«, sagte der Fahrer.

»Jetzt hüpft Derek Marshall wieder um mich herum – dafür kannst du dich bei dir selbst bedanken. Er hat Carey zum Zahnarzt gefahren.«

»Oje.«

»Er ist natürlich der perfekte Gentleman, aber ich mußte ihn einfach fragen, ob er mir hilft. Er macht sich übrigens auch Sorgen um dich.«

»Kann ich mir lebhaft vorstellen …«

»Du hast kein Recht, so mit mir zu sprechen. Wann kommst du zurück?«

Der Gedanke an seine »Rückkehr« war dem Fahrer noch nicht gekommen, darum war seine Reaktion etwas langsam.

»Ich will wissen, wo du *wirklich* bist«, sagte seine Frau.

»In Joliet, Illinois.«

Sie legte auf.

Für größere Distanzen braucht es Teamarbeit. Soviel war sicher: Der Fahrer hatte alle Hände voll zu tun.

Der Fahrer trieb auf den kleinen Wellen des Hallenswimmingpools und stellte mit einemmal fest, daß er sich gallig und übelgelaunt fühlte und daß der Swimmingpool Ähnlichkeit mit dem Schildkrötenaquarium in der Halle hatte. Ich will nicht hier sein, dachte er.

Im ›Grape Arbour Restaurant‹ studierte er die verwirrende Speisekarte und bestellte schließlich den Krabbensalat nach Art des Hauses. Der wurde serviert. Als dunkle Quelle dieses Gerichts mußte der Michigansee in Betracht gezogen werden.

In der ›Tahiti Bar‹ trank er einen Cognac.

Das Lokalfernsehen von Joliet berichtete über die tödlichen Unfälle, die sich an diesem Tag auf der Schnellstraße ereignet hatten: Es war ein finsteres Leichenzählen – der Anblick der verkohlten, hingemetzelten Körper trieb die Reisenden aus der Bar und früh ins Bett, wo sie eine unruhige Nacht verbrachten. Vielleicht war das der Zweck der Sendung.

Bevor er zu Bett ging, sagte der Fahrer dem Volvo gute Nacht. Er legte die Hand auf die Reifen, rieb einen Tropfen Öl zwischen den Fingern, spürte die winzigen Abriebteile darin und beugte sich schließlich über eine Kerbe in der Windschutzscheibe, um das Ausmaß des Schadens festzustellen.

»Das hat sicher weh getan.«

Derek Marshall! Das hatte auch weh getan.

Der Fahrer erinnerte sich an das, was als »die ganze blöde Party« bezeichnet worden war. Er hatte seiner Frau gesagt, er müsse mal aufs Klo; überall auf dem Rasen hatten Wagen geparkt, und schließlich pinkelte er dort. Die kleine Carey schlief bei Freunden: es war kein Babysitter da, der den Fahrer hätte sehen können, als er sich ins Haus schlich, um seine Zahnbürste zu holen.

Ein Kleid seiner Frau, eines seiner Lieblingskleider, hatte an der Rückseite der Badezimmertür gehangen. Er hatte es ans Gesicht gehoben und war bei der seidigen Berührung verzagt geworden; sein Reifendruckmesser hatte sich im Schieber des Reißverschlusses verfangen, als er versucht hatte, es loszulassen. »Leb wohl«, hatte er entschlossen zu dem Kleid gesagt.

Einen kurzen Augenblick lang hatte er überlegt, ob er all ihre Kleider mitnehmen sollte! Doch es war Mitternacht gewesen – Zeit für Aschenputtels Kutsche, sich wieder in einen Kürbis zurückzuverwandeln –, und dann war er zurück zu seinem Volvo gegangen.

Seine Frau hatte kupferrotes Haar ... nein. Sie war blond und seit sieben Jahren verheiratet, hatte ein Kind und kein Radio. Beide fühlten sich von einem Radio bloß abgelenkt. Nein. Seine Frau hatte Größe 36, verschliß zwischen Frühling und Herbst drei Paar Sandalen Größe 37, trug BHS Größe 70B und verbrauchte im Durchschnitt zehn Liter auf hundert Kilometern ... *nein!* Sie war eine zierliche, dunkelhaarige Frau mit starken Fingern und Augen, die so intensiv meerblau waren wie Luftpostpapier; wenn sie miteinander schliefen, hatte sie die Angewohnheit, den Kopf nach hinten zu drücken wie ein Ringer, der gleich in die Brücke gehen wird, oder wie ein Patient, der eine Mund-zu-Mund-Beatmung erhalten soll ..., ah, ja. Ihr Körper war grazil, nicht sinnlich, und sie mochte Sachen, die sich anklammerten, sich anschmiegten und sich an sie hängten: Kleider, Kinder, große Hunde und Männer. Sie war groß, hatte lange Oberschenkel, einen federnden Gang, einen großen Mund, einen ...

Doch da rebellierten die Nebenhöhlen des Fahrers schließlich gegen den die ganze Nacht währenden Belastungstest, der ihnen durch die Klimaanlage aufgezwungen wurde; er nieste heftig und erwachte. Er verstaute die Gedanken an seine Frau und alle anderen Frauen in einem großen, leeren Teil seines Kopfes, der ihn an den geräumigen, leeren Kofferraum des Volvos erinnerte. Er duschte mit scharfem Strahl und dachte daran, daß heute der Tag war, an dem er den Mississippi sehen würde.

Die Leute lernen in Wirklichkeit nur sehr wenig über sich selbst, als würden sie es im Grunde genießen, sich fortwährend preiszugeben.

Der Fahrer hatte vor, die Weiterreise ohne Frühstück zu beginnen. Man hätte meinen sollen, daß er an Hoch- und Tiefpunkte gewöhnt war, doch selbst für diesen Veteranen der Straße war der Anblick der Gewalt, die dem Volvo angetan worden war, ein Schock. Der Volvo war übel zugerichtet. Er stand in der Parkbucht vor dem Motelzimmer des Fahrers wie eine Frau, die von ihrem betrunkenen Ehemann ausgesperrt worden ist – sie wartete auf ihn, um ihm seine Schuldgefühle im hellen Licht des neuen Tages um die Ohren zu hauen.

»Um Gottes willen, was haben sie mit dir gemacht …?«

Sie hatten die vier Radkappen abgenommen, so daß die symmetrisch angeordneten Radmuttern entblößt waren und die Reifen nackt wirkten. Sie hatten den Außenspiegel auf der Fahrerseite gestohlen. Jemand hatte versucht, die Schrauben der ganzen Aufhängung zu lösen, aber der Schraubenzieher war entweder zu klein oder zu groß gewesen, denn die Schlitze der Schraubenköpfe waren ausgedreht und im Eimer; der Dieb hatte die Aufhängung gelassen, wo sie war, und einfach so lange am Spiegel gedreht, bis dieser am Kugelgelenk abgerissen war. Das verstümmelte Gelenk sah für den Fahrer aus wie der blutige, zerfleischte Stumpf eines Mannes, dem der Arm ausgerissen worden ist.

Sie hatten versucht, sich mit Gewalt Zugang zum Inneren des Volvos zu verschaffen, indem sie wiederholt irgendeinen Hebel am seitlichen Ausstellfenster angesetzt hatten, doch der Volvo hatte standgehalten. Sie hatten die Gummikante am Fenster auf der Fahrerseite herausgerissen, aber das Schloß nicht knacken können. Sie hatten versucht, ein Fenster einzuschlagen: Auf der Beifahrerseite waren feine Risse im Fenster – wie ein Spinnennetz, das der Wind dorthin geweht hat. Sie hatten versucht, an den Tank heranzukommen – um Benzin abzuzapfen, Sand hineinzuschütten, ein Streichholz hineinzuwerfen –, doch obgleich sie die Tankklappe aufgebrochen hatten, war es ihnen nicht gelungen, weiter vorzudringen. Sie hatten einen Hebel an der Motorhaube angesetzt, aber die hatte gehalten. Einige Zähne des Kühlergrills waren eingedrückt, und einer war so weit nach außen gebogen worden, daß er gebrochen war. Er ragte vor, als wäre der Wagen mit einer Art primitivem Bajonett ausgerüstet.

Als letzte Geste hatten die frustrierten Vandalen, die kaputte Bande von Punks aus Joliet – oder waren es andere Motelgäste gewesen, die sich über das fremde Nummernschild geärgert hatten und Vermont nicht mochten? ... wie auch immer, als letztes grausames und überflüssiges Lebewohl hatte *irgend jemand* ein Instrument genommen (den Korkenzieher eines Taschenmessers?) und ein schmutziges Wort in das satte Rot der Kühlerhaube gekratzt. Ja, die Kratzer gingen sogar durch den Lack, bis ins Blech. Das Wort war WICHSER.

»Wichser?« rief der Fahrer. Er bedeckte die Wunde mit den Händen. »Schweine!« schrie er. »Schweine, stinkende Penner!« brüllte er. Der Flügel des Motels, vor dem er stand, beherbergte sicher zweihundert Reisende; es gab Räume zu ebener Erde und darüber welche mit Balkon. »Feiglinge, Vandalen!« schrie der Fahrer. »Wer war das?« wollte er wissen. Auf dem Balkon wurden einige Türen geöffnet. Verängstigte, schlaftrunkene Männer sahen zu ihm hinunter – hinter ihnen schnatternde Frauen: »Wer ist das? Was ist los?«

»Wichser!« schrie der Fahrer. »Wichser!«

»Es ist sechs Uhr morgens«, murmelte einer, der in einer Tür im Erdgeschoß stand, trat dann schnell wieder hinein und machte die Tür wieder zu.

Mit echtem Wahnsinn ist nicht zu spaßen. Wenn der Fahrer betrunken oder einfach unverschämt gewesen wäre, hätten die aus dem Schlaf Geschreckten ihn sicher in die Mangel genommen. Doch er war verrückt – das sah jeder –, und da kann man nichts machen.

»Was ist da los, Fred?«

»Da dreht einer durch. Schlaf weiter.«

Ach, Joliet, Illinois, du bist schlimmer als das Fegefeuer, für das ich dich gehalten habe.

Der Fahrer berührte das fettige Kugelgelenk, wo vorher der windschnittige Rückspiegel gewesen war. »Du bist bald wieder in Ordnung«, sagte er. »So gut wie neu, nur keine Sorge.«

WICHSER! Das schmutzige Wort, das sie in seine Kühlerhaube gekratzt hatten, war so *öffentlich,* es schien *ihn* bloßzustellen – die grobe, lüsterne Häßlichkeit des Wortes erfüllte ihn mit Scham. Er sah Derek Marshall zu seiner Frau gehen. »Hallo! Soll ich Sie nach Hause bringen?«

»Na gut«, sagte der Fahrer mit belegter Stimme zum Volvo. »Na gut, das reicht. Ich bringe dich nach Hause.«

Die Sanftheit des Fahrers war jetzt beeindruckend. Es ist immer wieder überwältigend, wenn einem hier und da unter den Menschen Takt begegnet; manche der Leute auf dem Balkon schlossen tatsächlich die Türen. Die Hände des Fahrers verbargen das Wort WICHSER, das in die Kühlerhaube gekratzt war; er weinte. Er war diesen weiten Weg gefahren, um seine Frau zu verlassen, und das einzige, was er geschafft hatte, war, seinem Wagen weh zu tun.

Aber man kann nicht bis nach Joliet, Illinois, fahren und dann nicht in Versuchung kommen, den Mississippi zu sehen, die Hauptverkehrsader des Mittelwestens, deren Überschreitung unumgänglich ist, will man in den wirklichen Westen kommen. Nein, man ist noch nicht im Westen gewesen, ehe man nicht den Mississippi überquert hat; man kann nie sagen, man sei schon einmal »dort draußen« gewesen, wenn man nicht wenigstens bis Iowa gekommen ist. Wenn man Iowa gesehen hat, hat man den Anfang gesehen.

Der Fahrer *wußte* das; er bat den Volvo, ihm nur einen einzigen Blick zu gönnen. »Dann kehren wir sofort um, das verspreche ich dir. Ich will es nur einmal sehen«, sagte er. »Den Mississippi. Und Iowa …« – wo er vielleicht hingefahren wäre.

Mürrisch trug der Volvo ihn durch Illinois: Starved Rock State Park, Wenona, Mendota, Henry, Kewanee, Geneseo, Rock Island und Moline. Es gab ein Rasthaus kurz vor der großen Brücke, die den Mississippi überspannte – die Brücke, die einen nach Iowa brachte. Ah, Davenport, West Liberty und Lake MacBride!

Doch er würde das alles nicht sehen, nicht jetzt. Er stand

neben dem Volvo und sah zu, wie das teefarbene Wasser des breiten Mississippi vorbeifloß; für jemanden, der den Atlantischen Ozean gesehen hat, sind Flüsse nichts besonderes. Aber *jenseits* des Flusses ... da war *Iowa* ... und das sah wirklich ganz *anders* aus als Illinois! Er konnte Maisbüschel erkennen, Maisbüschel bis zum Horizont, wie eine Armee von jungen Cheerleadern, die ihre Federn schwenkten. Da draußen züchtete man auch große Schweine, das wußte er; er stellte sie sich vor; ihm blieb nichts anderes übrig – auf der anderen Seite des Mississippi trabte gerade keine Schweineherde umher.

»Eines Tages«, sagte der Fahrer, halb beklommen, halb hoffend, es könnte wahr werden. Der entehrte Volvo stand da und wartete auf ihn; sein beschädigter Kühler mit dem Wort WICHSER zeigte nach Osten.

»Okay, okay«, sagte der Fahrer.

Seien Sie dankbar für jedes bißchen Orientierungsvermögen, das Sie besitzen. Sie müssen wissen: Der Fahrer *hätte* sich verfahren können; im Durcheinander seiner West-Ost-Entscheidung hätte er sich ja auch nach Norden wenden können – auf der Spur, die in südlicher Richtung abzweigt.

Bericht Nr. 459 der Missouri State Police: »Eine rote Volvo-Limousine fuhr auf der südlichen Schnellstraße in Richtung Norden; der Fahrer schien die Orientierung verloren zu haben. Der Betonmischwagen, der mit ihm zusammenstieß, hatte das Recht, die Überholspur zu benutzen. In den Wracks fand man eine Telefonnummer. Als man dort anrief, meldete sich ein anderer Mann und sagte, sein Name sei Derek Marshall. Er werde der Frau des Mannes die Nachricht überbringen, sobald sie aufgewacht sei.«

Wir sollten uns vor Augen halten: Es kann immer noch schlimmer sein.

Gewiß, vor ihm lagen echte Schwierigkeiten. Der Fahrer mußte einen Weg durch das komplexe Gewirr der Ausfahrten nach Sandusky finden, und er war alles andere als ausgeruht. Ohio lag vor ihm, wartete auf ihn wie die noch ungelebten Jahre einer Ehe. Doch auch über den Volvo mußte er nachdenken; der Volvo schien nicht dazu bestimmt, über die Grenzen von Vermont hinauszukommen. Und es würden mit großem diplomatischem Geschick gewisse Abmachungen mit Derek Marshall geschlossen werden müssen, soviel schien sicher. Wie wichtig uns etwas ist, merken wir oft erst, wenn wir es verloren haben.

Er hatte den Mississippi und das saftige, fruchtbare Flachland dahinter gesehen. Wer konnte wissen, was für süße, dunkle Geheimnisse Iowa noch für ihn barg? Ganz zu schweigen von Nebraska. Oder *Wyoming*! Dem Fahrer tat die Kehle weh. Und er hatte übersehen, daß er noch einmal durch Joliet, Illinois, fahren mußte.

Heimkehren ist hart. Aber was läßt sich zugunsten von Wegbleiben sagen?

In La Salle, Illinois, ließ der Fahrer den Volvo kurz überholen. Die Wischblättergummis mußten ersetzt werden (er hatte nicht mal gemerkt, daß sie gestohlen waren), es wurde ein provisorischer Außenspiegel montiert und das eingekratzte WICHSER mit einer lindernden Anti-Rost-Grundierung übermalt. Das Öl stand bis zur oberen Markierung, doch der Fahrer entdeckte, daß die Vandalen versucht hatten, kleine Steine in die Reifenventile zu klemmen in der Hoffnung, er werde beim Fahren Luft verlieren. Der Tankwart mußte das Tankdeckelschloß irreparabel aufbrechen, um dem Volvo ein paar Liter Benzin geben zu können. Der Verbrauch lag bei 10,2 Litern auf hundert Kilometern – Strapazen weckten im Volvo den Kämpfer.

»Wenn wir zu Hause sind, laß ich dich lackieren«, sagte der Fahrer grimmig zum Volvo. »Halt nur noch ein bißchen durch.«

Immerhin konnte man sich auf Indiana freuen. Manches, so sagt man, ist »beim zweitenmal« sogar noch besser. Seine Ehe kam ihm vor wie ein unbeendeter Krieg zwischen Ohio und Indiana – ein labiles Gleichgewicht der Feuerkraft, durchsetzt mit gelegentlichen Verträgen. Es würde der Situation eine krasse Schräglage geben, wenn er Iowa ins Bild brachte. Oder: Manche Flüsse werden besser nicht überschritten? Die durchschnittliche Lebensdauer eines Autoreifens liegt in den Vereinigten Staaten bei weniger als 40000 Kilometern, und viele geben noch früher auf. Er war mit dem Volvo bisher 74001 Kilometer gefahren – mit dem ersten Reifensatz.

Nein, trotz dem bezaubernden, zurückweichenden Bild einer Zukunft in Iowa kann man nicht fahren, wenn man immer in den Rückspiegel sieht. Und: Ja, in dieser Phase der Reise war der Fahrer entschlossen, in den Osten zurückzukehren. Doch es ist schwer, Würde zu bewahren. Voraussetzung für Stehvermögen ist ständige Instandhaltung. Wiederholung ist langweilig. Und Tugend hat ihren Preis.

PATRICIA HIGHSMITH

1947

27. AUGUST 1947 Gestern sagte Margot Johnson, dass ihr der Roman sehr gefällt. »Beide Mütter sind starke Charaktere« (was ich bezweifle). Und dass ich ihn jetzt schon Marion Chamberlain zeigen könnte.

Ich arbeite immer noch an meiner Geschichte. Nein, heute nur Comics. Wie effektiv ich bin, jetzt, wo ich alleine bin! Ich habe die Wände getüncht, dies und jenes geputzt, alles erledigt, was ich schon lange vor mir herschiebe. Und bin kein bisschen einsam. Ich bin bis zur 84th Street gegangen und wieder zurück, voller Hunger nach dem Leben auf der Straße! Menschen, Kinder, Häuser, Läden, Zeitungen! Gott! Ich spüre meine Kraft – hoffentlich kann ich mir diesen Schwung, diese gute Stimmung erhalten! Später ein Besuch von Rolf, der ausnahmsweise mal sehr langweilig war. Er will nicht ohne Bobby nach New Mexico fahren. Ist immer noch in ihn verliebt. Ruhelos und einsam.

Mein drittes Auge

Jungs, wir müssen in *dem* da essen«, beschwor ich meine Freunde Nils und Tej.

Im Foodcourt des Flughafens von Bangalore gab es ein halbes Dutzend Restaurants, die komplett leer waren. Sbarro, McDonald's, Burger King, Quiznos, ein kombinierter KFC/Taco Bell und ein südindisches Kettenrestaurant namens IDLI.COM lagen verlassen da, die Kassierer starrten hinaus in die sterile Cafeteria und traten von einem Fuß auf den anderen. Und dann gab es noch Curry Kitchen. Curry Kitchen hatte nahezu die gleichen Gerichte auf der Karte wie IDLI.COM: Dosas, knusprige Reiscrêpes aus Südindien, mit Kartoffeln oder Gemüse gefüllt und zusammengerollt, Uttapam, dicke Pfannkuchen mit eingebackenen Zwiebeln, Tomaten und Chilis, dazu die üblichen Dals, Masalas, Chutneys und Reisgerichte. Anders als bei der menschenleeren Konkurrenz brummte bei Curry Kitchen das Geschäft, eine gewaltige Schlange wand sich bis zur gegenüberliegenden Fensterfront und drückte sich noch einige Meter daran entlang. In der Schlange standen fast nur Inder – Geschäftsmänner in Anzügen, Sikhs mit grauem Bart und Turban, Muslime mit weißen gehäkelten Gebetskappen und Frauen in bunten Saris, von denen viele zwischen den Brauen ein drittes Auge trugen, den kleinen roten Punkt oder blauen Fleck oder gelben Tupfer, umrandet von einem größeren Kreis, der das Tor zu einer höheren Bewusstseinsebene symbolisiert. Und all diese erleuchteten Seelen hatten sich für Curry Kitchen entschieden.

»Also, ich hol mir was bei KFC«, sagte Nils.

»Echt jetzt?«

Für mich war sonnenklar, dass das Essen bei Curry Kitchen etwas Magisches an sich haben musste. Restaurants sind nicht ohne Grund beliebt. Wir konnten doch hier nicht schnödes paniertes Hühnchen essen und uns die Gelegenheit zu einer transzendenten transkulturellen Erfahrung entgehen lassen!

»Vertraut den Leuten da, Jungs. Los, wir stellen uns an.«

Und das taten wir.

Kaum etwas nervt mich mehr, als mich am Ende einer langen Schlange anzustellen und an deren Ende zu bleiben, während sie sich elend langsam vorwärtsschiebt. Wenn sich niemand hinter einem anstellt, steht man genau da, wo man auch stünde, wenn man gar nicht gewartet hätte. Man verschwendet das kostbarste Gut überhaupt: seine Zeit. Zunächst hielten wir es für einen Zufall, dass sich niemand hinter uns einreihte. Aber nach einer halben Stunde nervtötenden Vorankriechens, in der unsere Mägen immer lauter knurrten, bildeten wir immer noch den Schwanz der schrumpfenden Schlange. Als wir in Sichtweite der Kasse kamen, fiel mir etwas Seltsames auf: Die Kunden bezahlten ihr Essen nicht mit Rupien, sondern reichten dem Kassierer allesamt den gleichen gelben Papierschnipsel.

Eine Durchsage auf Hindi krächzte durch den Lautsprecher, dann wurde sie auf Englisch wiederholt: »Eine

Durchsage für die Passagiere des gestrichenen Jet-Airways-Flugs 2738 nach Chennai: Ihr neuer Flug geht um 14:45 Uhr von Gate 64B.«

Die Kunden vor uns steckten plötzlich die Köpfe zusammen und schauten auf die Uhr und den Abflug-Infoscreen über uns an der Wand. Da dämmerte es Nils, Tej und mir – diese Leute hatten Essensgutscheine für Curry Kitchen bekommen, weil ihr Flug gestrichen worden war. Sie standen nicht Schlange, weil das Essen gut war, sie standen Schlange, weil es umsonst war.

Und wir waren wie die Schafe hinterhergetrottet.

»Scheiße.«

»Mann ey, George.«

Nach vierzig Minuten verschwendeter Wartezeit gaben wir auf. Und obwohl Läden mit Website-URLS als Namen mir eigentlich suspekt sind, kann ich die Masala Dosa bei IDLI.COM wärmstens empfehlen.

Wenn überfüllt gleichzeitig auch beliebt bedeutet, muss Indien der beliebteste Ort sein, an dem ich je war.

An unserem ersten Tag in Neu-Delhi sah ich fasziniert zu, wie die Taxis Schlenker um Rikschas machten, die Rikschas Schlenker um Kühe, und Motorräder im Zickzackkurs kreuz und quer über die halbherzig angedeuteten Fahrbahnen fuhren und dabei Schadstoffe in einen Himmel röchelten, der so versmogt war, dass ich direkt in die Sonne schauen konnte, die hier kaum mehr als ein blasser Mond war. Als wir an einer Ampel hielten, trat eine junge Frau mit einem Baby in den Falten ihres verblichenen Saris und einer Hand ohne Finger auf uns zu, klopfte mit ihren vernarbten Knöcheln an das Taxifenster und deutete auf ihren Mund. Als keine Reaktion kam, gab sie auf und ging weiter. Kaum war sie weg, kam ein entstellter Mann auf verdrehten Beinen angehumpelt. Er trug kein Hemd, und von seiner Unterlippe zog sich eine schwere Verbrennungsnarbe wie eine glatte Autobahn bis runter zum Bauchnabel. Ich kurbelte mein Fenster runter, um ihm hundert Rupien zu geben. Beim Anblick des Geldes, das aus unserem Taxi kam, drängelten sich sofort zwei weitere Bettler hinter ihm.

Eine Woche später war ich auf einer Privatparty in einer Wohnung in Mumbai. Die indischen Kids mit College-Ausbildung – solche, die es sich leisten konnten, die drückend heißen Frühlingsmonate im Ausland zu verbringen – tranken Kingfisher und reichten Joints herum, während Andy, blond, im zweiten Monat seines Auslandssemesters hier und einer der wenigen Westler auf dieser Party, mich gegen die Wand quatschte.

»Mir gefällt der Ausdruck ›Slum-Tour‹ nicht«, erklärte er mir. Reality-Touren seien aber nun mal die beste Möglichkeit, das echte Mumbai kennenzulernen. Er hatte bereits zwei davon hinter sich. »Ein Muss.« Natürlich könne er nachvollziehen, was manche daran problematisch fänden: Sich gegen Geld durch die Vorgärten anderer Leute führen zu lassen, nur um ein paar Fotos zu knipsen und dann wieder zu verschwinden, das sei doch »Armutstourismus«. Ok, verstanden.

»Aber ist das nicht besser als vorsätzliche Ignoranz? Sollten wir uns nicht einen echten Eindruck davon verschaffen, was dort los ist, wenn wir Gutes tun wollen?«

Andy tippte mir noch seine Nummer ins Handy, damit

ich mich zwecks Realitätsabgleich bei ihm melden könne, dann floh ich hinaus auf den Balkon. Von dort hatte man einen Ausblick auf Block um Block schmuckloser Apartment-Betonklötze wie dem, in dem ich mich gerade befand.

»Ich kann Amerikaner nicht ausstehen«, sagte ein hübsches indisches Mädchen in nahezu akzentfreiem Englisch, ohne sich die Mühe zu machen, mich von ihrem Pauschalurteil auszunehmen, und reichte mir einen Joint.

Ich war für ein paar kleine Club-Shows nach Indien gekommen, es waren die letzten Konzerte meiner Tour von 2014, und ich hatte noch drei Wochen drangehängt, um die Westküste des Landes zu bereisen. Ich hatte schon immer mal den Subkontinent kennenlernen wollen – seine reiche Geschichte, das Essen, die Musik … Aber ich muss gestehen, dass mich auch etwas weniger Greifbares anzog, eine Art westlicher Fetischismus: das Bild von Indien als mystischem Ort, den man besuchen kann, um dann verwandelt und spirituell erleuchtet zurückzukehren, wo man sich sein eigenes Fitzelchen Nirwana kaufen kann wie ein Souvenir. Ich bildete mir ein, dass ich dieses Muster ja durchschaute und dadurch darüber erhaben war, aber ich hatte gerade ein verdammt hartes Jahr hinter mir. In vielerlei Hinsicht war es super gewesen, voller Liebe und so vieler Gelegenheiten, die Welt zu bereisen und Musik zu spielen, wie ich es nie für möglich gehalten hätte. Aber ich hatte auch selbstverschuldete gesundheitliche und juristische Probleme, und die Strapazen hatten ihre Spuren hinterlassen. Ich war auf der Suche und hätte mir liebend gern einfach ein paar Antworten gekauft.

Nirgends auf der Welt ist diese Art von käuflicher Erleuchtung angesagter als in Goa. Nachdem die Beatles 1968 in Rishikesh das Meditieren für sich entdeckten, wurde der kleine Küstenstaat schlagartig als Hippie-Oase populär, mittlerweile wird er als internationale Feriendestination vermarktet. Nach Zwischenstopps in Neu-Delhi, Bangalore, Pune und beim Taj Mahal in Agra verabschiedete ich mich in Mumbai von Nils und Tej und nahm mit meiner neuen Freundin Nicola und ihrem schnöseligen Kumpel Oliver aus London den Zug gen Süden. Wir kamen im Januar an, kurz vor dem Monsun und angeblich in der Touri-Hochsaison, doch Strände und Hotelanlagen waren wie leergefegt.

»Der Rubel ist im Herbst eingebrochen, deshalb sind die Russen nicht hier.«

Clive, der dreadlockige Chefkoch unseres Resorts, der in einem Zeitungsartikel mal als Goas »Hippie-Raver-Vorzeigekoch« bezeichnet worden war, rollte einen Joint, zündete ihn mit einem Streichholz an und reichte ihn dann weiter. Von der Terrasse aus sahen wir zu, wie das leuchtend türkisfarbene Arabische Meer an den leeren, weißen Sandstrand klatschte. »War kein leichtes Jahr.«

Goas Fluch war unser Segen. Nicola, Oliver und ich nahmen eine Woche lang die beste Couch auf der Terrasse in Beschlag, wurden vom unterbeschäftigten Personal umhegt, lasen, rauchten, schwammen und hatten den Strand fast für uns. Clive meinte, wir würden uns freier fühlen, wenn wir unsere Klamotten auszogen. Am vierten Tag mieteten wir Roller, erkundeten die Landstraßen von Morjim und hatten ein paar Beinahe-Zusammenstöße mit Kühen, die unbeaufsichtigt am Wegesrand grasten. So weit im Landesinneren gab es keine Tankstellen, also »tankten« wir an einem der vielen Stände am Straßenrand, die urinfarbenes Benzin literweise in Plastikflaschen verkauften. Es waren herrliche Tage. Aber überall wurde deutlich, dass Goa wie das übrige Indien aus zwei konkurrierenden Realitäten bestand: einer aufpolierten für die Touristen und derjenigen der Menschen, die sie bedienten.

»Entschuldigung, bist du Freddy?«, fragte Nicola, als wir nach Einbruch der Dunkelheit sein leeres Strandlokal betraten. Freddys Frau trug einen Sari, saß in einer Ecke und behielt ihr kleines Kind im Auge, das auf einem alten Laptop gebannt eine Folge *SpongeBob Schwammkopf* schaute.

»Kann ich euch helfen?«, fragte Freddy, Flipflops an den Füßen, dunkelhäutig, pummelig, freundlich.

»Wir haben deinen Namen von Clive, dem Koch in unserem Resort«, erklärte Nicola mit gedämpfter Stimme. »Er meinte, du könntest uns vielleicht ein bisschen Molly verkaufen.«

Nach kurzer Verhandlung kramte Freddy hinter dem Tresen herum, tauchte mit einem Tütchen wieder auf, drückte Nicola seine Visitenkarte mit den zwei schwimmenden Delphinen in die Hand und sagte, wir sollten jederzeit wiederkommen, wenn wir Kokain oder was Härteres brauchten. Dann widmete er sich wieder Frau und Kind.

Ich hatte bereits am Morgen meine Pillen genommen: die kleinen runden Malariatabletten, die große diamantförmige gegen Reisedurchfall und meine Epilepsie-Medikamente (eine der niedrig dosierten Keppra-Kapseln, die ich bald absetzen, und das indische Dilantin-Generikum, auf das ich wechseln wollte – ein Fläschchen davon kostete mich in Neu-Delhi zwei Dollar fünfzig gegenüber *hundert*fünfzig in den Staaten). Ich fand im Internet keine eindeutigen Aussagen über die Wechselwirkung von Ecstasy und Epilepsie-Medikamenten, aber in einem seltenen Anflug von Vernunft beschloss ich, Nicola und Oliver ohne mich trippen zu lassen.

Ob Indien nun tatsächlich wie ein spiritueller Balsam oder bloß als effektives Placebo wirkt, irgendwie schaffte ich es jedenfalls in dieser Nacht am Strand, fünf Stunden lang auf ein und demselben Fleck zu abscheulicher Musik zu tanzen und dabei Spaß zu haben. Vor Goa hatte ich noch nie von »Psytrance« gehört, aber etwas anderes spielten sie nicht in den vielen Clubs, die meilenweit den Strand säumten. Um drei Uhr morgens kamen wir zum Rave, und meines Erachtens loopte der DJ von diesem Augenblick an einfach nur dieselbe Techno-Bass-Drum. Zu dem endlosen Gewummer hüpfte eine betäubte Menge aus Burning-Man-Volk und ein paar vereinzelten Einheimischen hin und her. Ein enthusiastischer, aber unfähiger Devilstick-Tänzer wirbelte seine brennenden Stäbe herum, ließ sie ständig fallen, zündete sie wieder an und ließ sie erneut kreisen, während sein zunächst begeistertes Publikum langsam das Interesse verlor. Nicola, Oliver und ich tanzten bis acht Uhr morgens und gruben mit unseren Füßen kleine Krater in den Sand.

Zwischen den Grüppchen von Tänzern und den Klapptischen, auf denen Einheimische KitKat-Riegel, Zigaretten, Wasserflaschen und hartgekochte Eier verkauften, zogen die ganze Zeit Bettler umher. Größtenteils ignorierten die

Raver die Frauen mit Babys und die kleinen Jungs einfach, die Knicklichter und anderen leuchtenden Plastikscheiß verkauften. Aber als die Sonne über den Horizont stieg, ging ein Bettlermädchen in zerfetztem Sari auf einen sturzbetrunkenen deutschen Raver zu und deutete mit der Hand auf ihren Mund. Er schubste sie weg, sie wiederholte die Gebärde, da schlug er ihr hart ins Gesicht.

Das kleine Mädchen verzog keine Miene. Sie sah nicht einmal wütend aus. Sie prallte einfach von ihm ab wie diese alten Bildschirmschonersymbole, die an den Rand des Monitors stoßen und dann die Richtung ändern.

»Ey, Mann!«, hatte ich die Eier, dem wesentlich größeren Typen zuzurufen. »Das hätte echt nicht sein müssen.«

Erst starrte er mich so böse an, als hätte ich gerade *ihn* geschlagen. Ich hatte schon Sorge, dass wir uns jetzt prügeln müssten, und sah mich unauffällig nach losen Gegenständen im Sand um, die mir nützlich sein könnten. Doch dann torkelte er einfach weg, wobei er ein paar Mal »hätte nicht sein müssen« vor sich hinmurmelte, und Nicola, Oliver und ich beschlossen, dass fünf Stunden Psytrance reichten.

Den Deutschen zurechtzuweisen war ein Akt minimaler Zivilcourage. Ich wusste ja selbst nicht, wie ich mit dem ständigen Strom von Bettlern umgehen sollte. Nur eines wusste ich: Noch lange nachdem wir den Rave verlassen hatten, würden der Bass weiterdröhnen, das Arabische Meer an den Strand peitschen und die Bedürftigen kommen, eine Welle nach der anderen.

In der neunten Klasse hatte ich beschlossen, von nun an Kommunist zu sein, und legte mir als Erstes mal einen passenden AOL-Usernamen zu – damals eine verbreitete revolutionäre Praxis. Nachdem ich ein paar Nicknames verworfen hatte, entschied ich mich für »karlmarxmanship« und hoffte, damit Tatkraft, Präzision und politische Radikalität zu demonstrieren. In meiner Abschlussarbeit in Geschichte im selben Jahr wollte ich beweisen, dass der Kommunismus die ideale Gesellschaftsform sei, doch da die großen einschlägigen Beispiele – die DDR, die Sowjetunion, Kuba, Nordkorea – zur Stützung meiner These wenig taugten, wählte ich schließlich Kerala, den Bundesstaat an der Südwestspitze von Indien, in dem die Kommunistische Partei seit 1957 an der Macht war. Was ich über diesen Staat erfuhr, inspirierte mich: niedrige Kriminalitätsrate, religiöse Toleranz, Geschlechtergleichheit sowie die höchste Alphabetisierungsrate und Lebenserwartung in ganz Indien. Doch im Laufe der Jahre wurde mir klar, dass gewaltsame Klassenkonflikte und totalitäre Diktaturen nicht meiner Vorstellung von sozialer Gerechtigkeit entsprachen, und ich schwor dem Kommunismus ab. Wenn ich mich allerdings heute aus irgendeinem Grund bei AIM einloggen sollte, würde nach wie vor der Username »karlmarxmanship« aufpoppen, und ich hatte auch nie aufgehört, von einer Reise nach Kerala zu träumen.

Nachdem Nicola und Oliver zurück nach London geflogen waren, wo sie wieder arbeiten mussten, und ich noch ein paar Tage lesend am Strand verbracht hatte, verabschiedete ich mich in Morjim von Clive und machte mich allein gen Süden auf.

In Kerala sieht man an jeder Ecke Plakate mit dem iko-nischen Che-Guevara-Konterfei, Betonwände, die mit dem Hammer-und-Sichel-Logo besprüht sind, lange Reihen wehender Hammer-und-Sichel-Fahnen und Plakatwände mit den Köpfen von Friedrich Engels, Karl Marx, Wladimir Iljitsch Lenin und Josef Stalin, die Mount-Rushmore-mä-ßig in die Zukunft blicken. Doch ein paar Meter weiter ver-kündet eine riesige Jim-Beam-Werbung:

KENTUCKY ROLLT DEN ROTEN TEPPICH FÜR MILA KUNIS AUS

Als ich mein Hotel in einer gemieteten Rikscha verließ, wurde mir klar, dass Handel und Geschäfte in Kerala ge-nauso funktionieren wie überall sonst. Am Rand der Fern-straße hatten Dorfbewohner ihre Stände aufgebaut. Ein alter Mann und eine alte Frau saßen auf Klappstühlen unter einem großen Sonnenschirm und präsentierten auf ihrer Decke drei große Melonen. Zehn Meter weiter wartete ein jüngerer Mann neben einem Berg Orangen auf Kund-schaft. In Stadtnähe fuhren wir an einem Möbelladen ohne Laden vorbei: Unter blau-gelben Planen, die an Ästen fest-gezurrt waren, standen fabrikneue hölzerne Bettgestelle und Stühle.

Ich würde lügen, wenn ich behaupten würde, dass mich reines wirtschaftswissenschaftliches Interesse nach Kerala geführt hatte. In dem riesigen Bundesstaat wählte ich Kannur im Norden als ersten Zwischenstopp, weil ich mir ein Cricket-Spiel ansehen wollte und wusste, dass dort ein Ranji-Trophy-Match gegen Assam stattfand, nur eine son-

nige, halbstündige Riksha-Fahrt von meinem Hotel entfernt. Als ich um Viertel vor zehn durch den Haupteingang
kam, lief das Spiel bereits. Die Rasenfläche war blass und
ausgetrocknet. Der »Stadion«-Teil des Thalassery Cricket
Stadium bestand aus fünf oder sechs Rängen mit jeweils
einem Dutzend weißen Plastikstühlen und dahinter einer
abgesperrten Loge. Es waren so wenige Zuschauer da, dass
sich ein Großteil des Publikums nach mir umdrehte. Sofort
stand ein Mann in einem Pullover mit V-Ausschnitt auf
und schüttelte mir die Hand.

»Nein, nein«, beharrte er, »Sie brauchen kein Ticket.«

Nachdem ich ein paar Minuten dagestanden und zu-
geschaut hatte, tippte mir der Mann auf die Schulter und
führte mich die Treppe hinauf zur VIP-Loge, aus keinem
anderen erkennbaren Grund, als dass zufällig anwesende
weiße Typen anscheinend in VIP-Logen gehörten. Dort
stellte er mir den Präsidenten des Cricket-Verbands von
Kannur vor und wies mir einen Platz neben einem dicken
Mann zu, der eine blau-rote Schleife mit der Aufschrift
EHRENGAST an seine lange Robe gepinnt hatte – die Art
von Schleife, die ein Bauer auf einer Landwirtschaftsmesse
für den größten Kürbis kriegt.

Alle paar Minuten bot mir ein Bediensteter Kekse oder
eine kleine Tasse Tee mit Milch an, während unten auf dem
Spielfeld Männer in weißen Pyjamas herumliefen, einen Ball
hin und her warfen und zurückhaltend abklatschten, wenn
es einem Mannschaftskollegen schlitternd gelungen war,
einen Ball kurz vor der abgerundeten Spielfeldbegrenzung
abzufangen. Doch in den Rängen jubelte niemand, und
nach einer Stunde ging mir auf, dass ich womöglich gerade

jene unerträgliche Langeweile verspürte, die mir Menschen, die nichts von Baseball verstehen, schon öfter beschrieben hatten. Obwohl das Spiel drei Tage dauern sollte, ging der Ehrengast, sobald der Tee alle war, und ich tat es ihm gleich und zog mich wieder in mein leeres Hotel zurück.

Im Rückblick hatte es in Goa verglichen mit Kannur von Touristen nur so gewimmelt. Nach fast einer Woche war mir im Akkara Beach Resort noch immer kein zweiter Gast über den Weg gelaufen.

Es klopfte an meiner Zimmertür. Ich kletterte aus dem Bett und öffnete in Unterwäsche. Es war Gadin, ein Hotelangestellter mit roten Haaren und gestärktem Hemd.

»Kein Frühstück heute? Sind Sie sicher, Sir?«

»Ich komme zum Abendessen«, krächzte ich. Im Laufe des Tages klopfte er noch dreimal. Einmal wegen des Mittagessens, einmal wegen des Abendessens und einmal wegen des Wäscheservice.

Als ich den Speisesaal betrat, waren ein Dutzend leere Tische sorgfältig gedeckt, auf jedem stand eine Flasche Wasser bereit, und Gadin trat lächelnd auf mich zu, um meine Bestellung aufzunehmen. Nachdem er mich bedient hatte, nahm er wieder seine Position neben dem Tisch ein und schaute mir, Hände hinter dem Rücken, beim Essen zu, damit ihm auch ja nicht der leiseste Wunsch von mir entging. Bedächtig senkte ich meinen Löffel in die oberste Schicht eines erdig-grünen Pürees.

»Mungbohne.« Gadin hatte sich vorgebeugt und nickte beinahe unmerklich.

»Sehr gut.« Ich versuchte, überzeugend zu klingen.

Gadin entspannte sich. Die nächsten fünf Minuten

schwiegen wir. Nur der Klang des Löffels war zu hören, der sich in den weichen Berg grub. Schmatzende Lippen, dann Schlucken. Gadins Füße, die sich bewegten. Das leise Rauschen des Ozeans, das mit dem Surren der Ventilatoren verschmolz. Gadin fragte, was ich von Beruf sei.

»Ich bin Musiker und Autor.«

Seine Augen leuchteten auf. »Kennen Sie die Bee Gees?«

»Klar«, sagte ich. »*Stayin' Alive.* Guter Song.«

Er zog sein Klapphandy aus der Tasche, und *How Deep Is Your Love* erklang über den schwachen Lautsprecher.

»Die Bee Gees sind die Besten.«

Ich nickte und kaute. Die Ventilatoren drehten sich. Es gab viele Ventilatoren im Raum. Zu viele Ventilatoren. Vier waren oben an der Wand hinter mir angebracht, weitere vier an der gegenüberliegenden Wand, und alle drehten sich langsam in unterschiedliche Richtungen. Wie viel kühle Luft benötigt man denn für zwei Personen? Konnten die vier Dollar, die ich für mein Abendessen bezahlte, überhaupt die Kosten der laufenden Ventilatoren decken? Ich stellte willkürliche Berechnungen an und schaufelte mir einen Löffel Mungbohnen nach dem anderen in den Mund. Ein Gast kann die Betriebskosten dieses Hotels unmöglich decken. Es wäre besser für sie, wenn keiner da wäre. Ich kam zu dem Schluss, dass ich dem Hotel mit meinem Aufenthalt keinen Gefallen tat, im Gegenteil: Ich richtete es zugrunde.

Der Song war zu Ende, Gadin ließ sein Klapphandy zuschnappen und blieb lächelnd am selben Fleck stehen.

Ich brauchte eine Massage.

Diese Ansicht äußerte Rajan, der Manager in meinem nächsten Hotel in Indien, wiederholt.

Er hatte nicht unrecht. Mein erster und letzter Besuch im Spa bei mir um die Ecke in Los Angeles war drei Jahre her, und nach der nächtlichen Zugreise war mein Nacken ganz steif. Den Großteil der dreihundert Meilen zwischen Kannur am nördlichen Zipfel von Kerala und der vergleichsweise kosmopolitischen Hauptstadt Trivandrum im Süden hatte ich schlafend verbracht. Rajan erwartete mich am Bahnhof, schüttelte mir die Hand und führte mich ein paar Blocks weiter zu seinem Auto. Sein Bed & Breakfast Malayaman war wesentlich weniger gespenstisch als das Akkara Beach Resort, aber auch hier war ich der einzige Gast.

Ohne eine ayurvedische Spa-Behandlung ist ein Aufenthalt in einem ayurvedischen Spa-Hotel völlig sinnlos, beharrte Rajan.

Eine Zeitlang konnte ich mich widersetzen. Die ersten drei Tage blieb ich in der Stadt, dann heuerte ich auf Rajans Empfehlung hin einen Führer an, um die Südspitze Indiens zu erkunden. Mein Guide Danta zeigte mir erst den Kanyakumari-Tempel, wo Pilger die Sonne auf der einen Seite der Halbinsel auf- und auf der anderen Seite untergehen sehen können, und dann ein hölzernes Fort aus dem siebzehnten Jahrhundert an der Westgrenze von Tamil Nadu, wo ich Spuren des utopischen Kerala entdeckte, das ich mir zu Highschool-Zeiten erträumt hatte. In einem der großen Speisesäle des Palastes, der einst das Zentrum des südindischen Travancore-Königreichs gewesen war, hatte der religiös tolerante Dharma Raja jahrzehntelang jeden Tag zweitausend arme Leute gespeist und mit seinem fortschrittlichen, barmherzigen Regime den Grundstein für das hohe Bildungsniveau im späteren Kerala gelegt. Doch keine zwei Räume weiter wurden in einem Glasschaukasten antike Folterwerkzeuge aus darauffolgenden Herrscherperioden ausgestellt. Vor allem eine Art Käfig-Anzug faszinierte mich, in dem Verräter ins Freie gehängt wurden, bis die Vögel sie zu Tode gehackt hatten.

Als mir nur noch zwei Tage blieben, spürte Rajan, wie mein Widerstand gegen sein Verkaufsgeschick langsam erlahmte.

Ich würde eine ayurvedische Spa-Behandlung vielleicht nicht jedem empfehlen, aber falls Sie die Vorstellung reizt, zwei Stunden lang (bis auf ein winziges Baumwolltuch über den Genitalien) splitterfasernackt auf dem Rücken zu liegen, während irgendein Typ an Ihren Gliedmaßen zerrt und Öl in jede Körperfalte reibt, dann kann ich nur sagen: Ab ins nächste Flugzeug nach Trivandrum!

Während der Massage richtete sich meine geistige Energie hauptsächlich darauf, Achtsamkeit zu bewahren und bewusst zu atmen. Ein wenig musste ich auch darauf verwenden, meine Erektion zu unterdrücken. Aber was mich vollends aus der Konzentration brachte, war das langsame Tröpfeln des heißen Öls mitten auf meine Stirn. Ein wichtiges Ziel bei der ayurvedischen Massage besteht offenbar darin, das dritte Auge zu erwecken, und zwar durch einen stetigen Strom warmen Öls auf den Punkt zwischen den Augenbrauen. Das sollte mir wohl helfen, meinen inneren Frieden zu finden, sorgte jedoch für das Gegenteil. Ich habe nämlich eine besondere Beziehung zu diesem Bereich meines Gesichts.

Als Jugendlicher war ich nicht sonderlich von Akne geplagt. Ab und zu hatte ich ein paar kleine Pickel im Mundwinkel, aber meine einzige echte Problemzone war genau dort, in der Mitte unter meiner seidig blonden Monobraue. In der neunten Klasse, einem Alter, in dem man diese schlimmen Eiterpickel ja um jeden Preis verhindern will, konnte ich jeweils förmlich spüren, wie sich die verdächtige rötliche Beule bildete. Ein paar Tage lang blieb ich standhaft. Doch früher oder später juckte es mich in den Fingern. Die Versuchung, einzugreifen ... die leise Stimme ... *Drück ihn aus. Erlöse ihn.*

So spielte es sich wieder und wieder ab, mit der verdammten Vorhersehbarkeit, die Marx dem revolutionären Zyklus zuschrieb. Der Pickel ließ sich nicht ausdrücken, also versuchte ich, mit dem Fingernagel ein wenig tiefer zu graben. Dann folgte unvermeidlich der Schorf, das Abkratzen des Schorfs und der verzweifelte Versuch, die offene Wunde mit Moms Make-up abzudecken, während sich schon der nächste Pickel darunter regte. Genau in der Mitte meines Gesichts. Und mal wieder stand ich, karlmarxmanship, in der Behindertentoilette neben der Bibliothek, der einzigen, die sich von innen abschließen ließ, und versuchte verzweifelt, geklaute rosa Foundation auf die Krater meiner geschundenen Haut zu schmieren. Nachdem ich getan hatte, was ich konnte, schlich ich mich zurück in den Geschichtsunterricht und philosophierte über die Subtilitäten des Klassenkampfs.

Als der Masseur das Öl auf die Stelle goss, von der ich

meine ganze Jugend über verzweifelt jegliches Fett fern-
zuhalten versucht hatte, floss der offene Hahn auf meiner
Stirn auf einmal andersherum, und sofort strömten auch
meine größten Unsicherheiten zusammen und drohten,
mir aus den Poren zu sickern. Ich versuchte, meinen Geist
zu beruhigen, aber meine Gedanken flipperten in alle Richtungen: das unaufhörliche Wummern der Psytrance-Bass-
Drum. Die Bettler von Goa. Die Masala Dosa bei IDLI.
COM. Meine entblößten Beine und das Gefühl von Nacktheit im Sportunterricht. Mein magerer Körper hier auf der
Massageliege, mit Lendenschurz, *fast ein bisschen,* durch-
zuckte es mich, *wie Gandhi.* Da dachte ich lieber schnell an
die kobaltblauen Sonnenschirme von Mumbais exklusivem
Breach Candy Club, unter denen wir gelegen und Momos
und Nimbu Panis serviert bekommen hatten, während der
Schatten der Sonnenschirme langsam über das Gras wan-
derte. Doch auf einmal legte sich ein monströser Schatten auf uns, der des noch von Baugerüsten umschlossenen
JK House, eines dreißigstöckigen Luxuswolkenkratzers
mit Fitnessstudio, Hubschrauberlandeplatz, zwei privaten
Swimmingpools und vier riesigen Terrassen, von denen
eine weiter hervorragte als die nächste, und das ganze Gebäude schien auf den Slum darunter zusammenstürzen und
alles vernichten zu wollen, was in seinem Schatten stand,
und ich konnte weder die knetenden Hände meines Mas-
seurs noch das Bewusstsein verdrängen, dass er, genau wie
Rajan und Gadin und Danta und Curry Kitchen hier war,
um seinen Lebensunterhalt zu verdienen, und ich hier war,
um für ebendiesen zu sorgen, und ob ich dabei Erleuchtung
fand oder nicht, war unerheblich.

Hinterher drehte der Masseur das heiße Wasser in der Dusche an, den niedrigen Hahn, der in den großen Eimer läuft, reichte mir eine Flasche Kräutershampoo und ging ohne ein weiteres Wort. Ich trat in die Dusche, schöpfte kochend heißes Wasser mit dem kleinen Eimer aus dem großen Eimer und goss es mir über den Kopf. Die Öl-schicht war so tief in meine Haut einmassiert, dass ich sie kaum abkriegte. Ich checkte aus dem Malayaman aus und machte mich auf den Rückweg nach Westen, gerüstet mit der unbequemen Erkenntnis, dass kein Ort auf der Welt den Schlüssel zu meinem Glück bereithält, dass das Reisen für sich genommen nichts löst und dass ich, wenn ich in-nerlich wachsen will, wohl lieber den fettigen Punkt zwi-schen meinen Augenbrauen akzeptieren und mein drittes Auge nach innen richten sollte.

ANNETTE VON DROSTE-HÜLSHOFF

Die rechte Stunde
(1797–1848)

Im heitern Saal beim Kerzenlicht,
Wenn alle Lippen sprühen Funken; –
Und gar vom Sonnenscheine trunken,
Wenn jeder Finger Blumen bricht; –
Und vollends an geliebtem Munde,
Wenn die Natur in Flammen schwimmt, –
Das ist sie nicht die rechte Stunde,
Die dir der Genius bestimmt.

Doch wenn so Tag als Lust versank,
Dann wirst du schon ein Plätzchen wissen,
Vielleicht in deines Sofas Kissen,
Vielleicht auf einer Gartenbank:
Dann klingt's wie halb verstandne Weise,
Wie halb verwischter Farben Guß
Verrinnt's um dich, und leise, leise
Berührt dich dann dein Genius.

Frausein

Obwohl ich keine Ausschau hielt und nicht auf der Suche war, landete ich bei einem Mann. Ich hatte einen Raum mit mir unbekannten Leuten betreten und sagte: Hallo. Er war der Einzige, der den Kopf hob und meinen Gruß erwiderte.

So einen Mann, so eine Wohnung, so ein Leben hatte ich nie zuvor gesehen. Die Zimmer waren vollgestopft mit Dingen, die seine Großmutter ihm vermacht hatte. Ein Mann, wie zurückgelassen aus einem vergangenen Land und einer vergangenen Zeit.

Er wohnte mit seinen Katzen in einem alten Haus, das kalt, feucht und zugig war. Im Wohnzimmer stand ein Teewagen, auf den er die frisch geborenen Katzenjungen bettete. In seiner Küche ließ er mir in einer burgunderfarbenen Badewanne ein Schaumbad ein. Aus seinem Schlafzimmer machte er ein Boudoir, indem er einen Paravent aufstellte und eine Kommode nur für mich. Auf die Kommode stellte er ein oval gerahmtes Bild, das ein Boudoir mit einer Kommode zeigte, und im Hintergrund einen Paravent. Ein Mann, unwahrscheinlich schelmenhaft, aber nicht exaltiert, sondern heiter und ruhig.

Bevor er das erste Mal mit mir schlief, fragte er, *Verhütest du?* Ich verneinte. Dann fragte er, wann mein Eisprung gewesen sei. Ich wusste es nicht. *Das weißt du nicht?* Er holte einen Kalender und erklärte mir alles.

Ein stiller Mensch der Lust. Vollkommen bei sich. Alles war immer gleich wichtig. Die Musik, das Buch, der Ausflug.

Jemand wie er hielt keine Ausschau nach Frauen. Der war sich selbst genug. Ich musste mir Mühe geben, mich anstrengen. Ich wusste gar nicht, wie das geht: werben. Was man sagt. Wie man es anstellt. Also tat ich das Naheliegende. Ich gestand meine Liebe und durfte bleiben. Einmal fragte ich, Bin ich deine Frau? Er antwortete, *Du bist ja noch wie ein Mädchen.*

Wie man eine Beziehung führt, was das eigentlich ist, eine Beziehung, alles unwichtige Fragen. Es gab nichts zu verhandeln. Es war einfach. Wenn man trampt, steigt man in das Auto eines anderen ein und fährt eine Weile mit. So war das. Ich fuhr mit ihm. Die längste Autofahrt meines Lebens.

Die ersten Jahre, das erste Jahrzehnt, waren ein großes Vergnügen. Das nächste gemeinsame Jahrzehnt brach an und war schon fast wieder vorbei, als ich merkte, dass ich ein Leben zu zweit, so wie wir es bis dahin führten, so eng, so vertraut, in ständiger Fürsorge, kein drittes Jahrzehnt führen konnte. Es gab keinen Bruch, keinen Anlass oder

Grund. Es war nur so, dass ich merkte, dass ich für so etwas nicht gemacht bin. Vielleicht lief es deshalb so gut. Weil es aus Zufall geschah. Aus Freundschaft. Aus gegenseitiger Bewunderung und Anziehung. Ich fing an, mich zu fragen, was für ein Frauenleben ich eigentlich führen möchte.

Wieder schaute ich mir die Frauen meiner Umgebung an. Frauen, die es »geschafft« hatten. Was ich sah, fand ich beunruhigend.

Überall traurige Frauen. Mit Traurigkeit zugedeckte Frauen. Frauen, die mit ihren Männern herumreisen, die sich Beschäftigungen aufhalsen, deren Zweisamkeit mit ihren Männern aus nichts anderem besteht, als dass zwei Leute eine Wohnung, ein Auto, ein Konto, die Erziehung gemeinsamer Kinder und den Zahnputzbecher miteinander teilen. Frauen, denen die Trauer darüber ins Gemüt und ins Gesicht eingezeichnet ist. Die wissen, dass kein Urlaub, keine Anschaffung das je wiedergutmachen kann. Frauen, die ihre Traurigkeit aushalten, weil sie ihnen von ihren Müttern bekannt ist. Weil die unverwirklichten Träume übertragen werden auf die nächste Generation. Wo auch die Söhne sich an ihre traurigen Mütter gewöhnen und deshalb nur noch halb so erschrocken sind, wenn sie dreißig Jahre später selber so eine traurige Frau haben. Und Töchter erkennen sich in ihren Müttern wieder und fühlen sich als trauriges Kontinuum in einer traurigen Welt. Und alle hatten sie immer Pläne. Immer sollte irgendwann etwas anders werden. Besser. Leichter. Schöner. *Irgendwann.*

So eine Frau wollte ich nicht sein. Eine Zweisamkeitsfrau, die sich in einer Partnerschaft verausgabt und traurig endet.

Welches Leben würde ich führen, wenn ich auf niemanden Rücksicht nähme?

Ein Knäuel mit losen, wirren Enden lag auf meinem Schoß. Welches Ende ich auch in die Hand nahm und zurückverfolgte, ich konnte mir nicht erklären, warum in meinem Leben alles so war, wie es war. Das Ungetüm von Erwartungen, Ängsten und unreflektierten Entscheidungen hatte mich in ein Leben versetzt, an dem mir nichts lag. Die Einladungen, die ich aussprach und bekam, die vielen gegenseitigen Besuche. Die immer gleichen Gespräche und Anliegen. Um mich herum Heiraten, Kinderwollen, Kinderkriegen. Trennungen, neue Beziehungen, neuer Besitz, neue Anschaffungen. Familienstreitigkeiten, Verwerfungen, Versöhnungen. Das sollen gelungene Leben sein? Dann schaut man genauer hin und entdeckt ausschließlich traurige, ausgelaugte Frauen. Ich war wirklich schockiert.

Auf die ehrlich an mich selbst gestellte Frage, womit ich am zufriedensten und ruhigsten war, lautet die Antwort: mit mir. Einfach nur mit mir.

Ich erkannte eine unbestimmte Sehnsucht nach einem Leben, in dem das Lesen und Schreiben im Vordergrund stand. Der Schreibtisch. Und alles andere erst danach. Ich sehnte mich nach Stille. Im Nachhinein ist mir völlig klar, warum ich mich als Schülerin bei meinen Gedankenexperimenten hinein in die Einbauküchen und anderen Bilder der Magazine und Werbebroschüren nie auch nur einen Zentimeter durch die Phantasie bewegen konnte. Es entsprach nicht meinem Wesen. Nichts von der Art, in der sich die Frauen in diesen Welten bewegten, reizte mich. Nichts davon erscheint mir bis heute erstrebenswert. Ich reagiere stumpf und leer darauf. Was ich brauche, kommt ohne Ausstattung aus.

Das Eingeständnis, dass die Art, wie man lebt, deshalb zustande kam, weil man keine andere kennt, ist ein langer und verschlungener Gedanke. Mühsam spaziert man ihn Jahr für Jahr im Kopf ab und kommt nicht drauf, woher die Unruhe rührt. Ich war fertig ausgebildet und stand mitten im Berufsleben. Der Weg dahin war voller Widerstände und Selbstzweifel gewesen. Angekommen im Gleichstand mit anderen war ich erschöpft. Ja, sogar etwas mehr. Ich war ziemlich erledigt.

Ich befand es für falsch, dankbar dafür zu sein, dass man es zu zweit gut hat. Was nützt die Freiheit, wenn ich es *nur bis dahin* gebracht habe? Zu einem harmonischen Beziehungsleben, in dem mein Beruf – ob ich wollte oder nicht – immer eine untergeordnete Rolle spielte. Die meisten Frauen, die ich kannte, strebten an, endlich mit einem Mann zusammenzuleben. Dabei wendeten sie die wahnsinnigsten Tricks an. Wurden heimlich schwanger, quartierten sich Kleidungsstück für Kleidungsstück in der Wohnung des anderen ein. Bei mir war es umgekehrt. Ich wendete die wahnsinnigsten Tricks an, um weg zu sein. Kleidungsstück für Kleidungsstück quartierte ich mich aus. Verbrachte mal hier ein halbes Jahr und da ein ganzes. Wäre ich geblieben, hätte ich zugeben müssen, wie ich wirklich bin. Es war mir unangenehm, zuzugeben: »Ich habe nur so vor mich hin geträumt« oder »Ich habe die letzten fünf Monate nur gelesen, sonst nichts« oder »Nein danke, ich möchte keinen Urlaub, kein Kind, kein Haus. Ich möchte nur schreiben. Sei nicht traurig. Ich habe alles, was ich brauche«.

Einmal fuhr ich mit meinem Vater im Auto und sagte: Ich glaube, ich werde alleine leben. Ich möchte mich trennen. Mein Vater, der sonst auf jede Entscheidung verständnisvoll reagierte, sagte: Das geht nicht. Man kann nicht alleine leben.

Warum, fragte ich?

Weil du ein Mensch bist.

Ich wurde für ein Leben im Kollektiv erzogen. Für ein Leben mit familiären Beziehungen, wo man sich für den Fortbestand der Beziehungen wie in einem Tauschgeschäft auf ein Mindestmaß an Bedürfnissen reduzieren muss.

Ich löste mich. Von Bekanntschaften, von vermeintlichen Freundschaften (ich übte für die große, die bevorstehende Trennung). Je freier ich mich von den meisten sozialen Beziehungen machte, desto besser konnte ich sehen, was mir wirklich etwas bedeutete. Fast nichts. Erstaunlich wenig.

Ich begann, täglich mehrere Stunden spazieren zu gehen. Die meisten Monate im Jahr verbrachte ich nicht mehr in der Stadt, sondern fuhr auf eine Insel. Meistens lief ich am Meer auf und ab. Das tat ich die ganzen kommenden Jahre.

Schrieb kürzere und längere Texte. Aber die meiste Kraft verwendete ich darauf, die Unruhe in mir zu besänftigen.

Allgemeingültige Wertmaßstäbe und Urteile über ein gelungenes Leben über Bord zu werfen ist schwer. Wenn man sich fragt, was wichtig ist, landet man immer bei den großen Antworten. Liebe. Freundschaft. Gesundheit. Traute ich mich, das nur für diesen einen Moment zu beantworten, fiel die Antwort viel kleiner aus. Wie schön das Leben im Einzelnen ist. Morgens oder um die Mittagszeit. Ein einfaches Ding, irgendetwas wirklich Unbedeutendes stand in einem besonderen Winkel und sah sehr schön aus. Das konnte mich für eine erstaunlich lange Zeit befriedigen. Ich dachte viel über Schönheit nach. Über optische und ethische Schönheit. Über die Schönheit der Welt und darüber, in ihr zu leben.

Ich las wie besessen über die Schönheit. Was sie dem Menschen bedeutet. Um zu erfahren, ob sie mir helfen könnte. Auch als Kontrast zu meinem politischen Schreiben. Ein Schreiben, das flankiert war von Hass und Hässlichkeit der Rezipienten – typische Begleiterscheinungen des Berufes.

Auf Türkisch sagt man *güzel insan.* Wörtlich übersetzt heißt es: schöner Mensch. Gemeint ist damit aber der gute Mensch. Ich schlug nach und erfuhr, dass die Griechen, um Schönheit in ihrer Ganzheit begreifen und erklären zu können, den Kunstbegriff *kalokagathia* erfanden. Das Wort verbindet die Schönheit mit der Gutheit (*kalós:* schön, *agathós:* gut), gemeint ist damit die körperliche, moralische und geistige Vollkommenheit. Ethik und Schönheit als Einheit. Das Wahre, Gute und Schöne ist kein Widerspruch in sich. Und eigentlich hätte ich nicht nachschlagen müssen. Genauso sagte es mir mein Vater – ohne zu wissen, wie nah er den Griechen war oder die alten Griechen den Aleviten – damals im Vorhof der Moschee:

Das Haus des Menschen ist schön, wenn der Mensch es ist.

Aus diesen Geschichten komme ich. Nicht aus der Geschichte über Selbstverwirklichung in der Partnerschaft oder Ernährung. Die Geschichte über die Schönheit und die Gutheit ist meine Geschichte, in dieser Tradition stehe ich.

Ich wuchs heran in einem Kreis von Frauen, in dem Würde aus Schönheit bestand, aus Lebens- und Liebeslust. Ich kann das schlecht in eine nachvollziehbare Ordnung bringen, aber ich *weiß*, dass das einer inneren Ordnung folgt. Die Gabe, Schönheit zu erkennen, Sexualität zu erleben und Freude zu empfinden, ist nicht die Folge eines gelungenen Lebens, sondern ihre Voraussetzung. Es ist vollkommen verrückt, über sein Leben zu sinnieren und nicht damit zu beginnen. Was sonst ist denn das Frausein, wenn nicht das? Denke ich an meinen Körper, denke ich an einen verlangenden, begehrenden, befriedigten und befriedigenden Körper. Aber ich denke beim besten Willen nicht an Zweisamkeit unter einem Dach.

Man hatte mir so sehr eingeredet, wer ich bin und was ich zu sein habe, dass ich mich nicht mehr traute, zu einem Mann zu sagen: Ich bin verrückt nach dir. Wirklich verrückt. Aber danach musst du gehen, sonst gehe ich kaputt. Verschone mich mit deiner langfristigen Anwesenheit. Weil ich sonst anfange, nichts mehr zu fühlen.

Das liebende Gegenüber war sensibel und spürte alles. Einmal sagte er etwas sehr Richtiges: Dich muss man an der ganz langen Leine lassen. Dir das Gefühl geben, dass man dich ein wenig verlassen hat. Und dann deinen Ängsten überlassen. Wenn du glaubst, dass du völlig verloren bist, kommst du zurück und platzt vor Verlangen. Wirst anhänglich. Und gerade, wenn man sich an dich gewöhnt hat, gehst du wieder. Das Gehen gelingt dir am besten.

Stimmt natürlich nicht. Darauf waren die Eltern schon reingefallen. War alles gleich schwer. Das Bleiben, das Gehen und das Wiederkommen.

Es galt die Nachricht zu überbringen. Ich hatte so etwas noch nie gemacht. Wie verlässt man jemanden ohne einen vernünftigen Anlass? Darf man das überhaupt, so einen vagen Grund vorzutragen: Bis hierhin war es schön. Aber nun möchte ich ein anderes Frauenleben. Wenn ich jetzt bliebe, dann nur noch aus Versehen. Aus Bequemlichkeit.

Wieder tat ich das Naheliegende. Ich gestand meinen Wunsch nach Freiheit und durfte gehen.

Das war das dritte Mal in meinem Leben, das mir ein Mann ein Geschenk machte. Das erste Geschenk bekam ich von meinem Vater, seine Erziehung. Das zweite Geschenk machte der Liebhaber mit der ersten Nacht. Das dritte Geschenk machte die Lebensliebe. Er ließ mich ziehen.

An das Alleinsein gewöhnte ich mich sofort. Mit der Einsamkeit hatte ich nicht gerechnet. Es dauerte lange, bis ich sie aushielt. Bis sich die Einsamkeit wie ein natürliches und gesundes Gefühl in mein Leben einfügte.

Neue Fragen.

Warum beginnt man, nur weil man die Tochter eines Gastarbeiters ist, seine Geschichte immer mit Mühsal und Mangel, bloß weil Mühsal und Mangel vorhanden waren? Warum sah ich nicht sofort das Vorhandene? Die Pracht, die aus sich heraus schon da ist? Warum strebt man nicht nach dem, was das Leben in sich birgt?

Die losen Enden führen mich wieder zurück an die Anfänge. Erinnern, zurückholen und bewahren. Ich wundere mich, dass die Generationen vor mir diese Fragen nach Ruhe und Zufriedenheit nicht als existentiell betrachteten, jedenfalls nicht so wie ich. Sie hatten es schwerer als ich. Meine Mutter wechselte ein Land, meine Großmutter väterlicherseits wechselte ebenfalls ein Land, und dann wechselten sie alle auch noch die Sprachen. Das muss man sich mal vorstellen: Eltern und Kinder sprechen nie die gleiche Sprache, wir unterhalten uns alle mit gebrochenem Wortschatz. Sie wechseln auch noch die Schriften und Alphabete, die Währungen und Pässe, und alles nur, damit es besser wird. Und nun stehe ich am Ende der Kette, bin Profiteurin ihres Wagemutes und ihres Kampfes. Und muss gestehen, dass alles anders ist, als sie es mir beigebracht haben. *Es schaffen.* Ich kann das nicht mehr hören. Immer soll man etwas schaffen. Und wenn man da ist, wo man hinsollte, was kommt dann?

Was ist mit der Würde? Warum spielt die weibliche Würde keine Rolle? Warum traute sich keine Tochter einer ausländischen Putzfrau, die Würde ihres Weges zu zeigen, darüber zu sprechen? Die Würde des Scheiterns, der Unsicherheit, der unendlichen Angst. Die Würde des Nichtgesehenwerdens. Die Würde der Scham. Das ist keine Glanzgeschichte, keine Geschichte von Aufstieg, sondern eine vom Abstieg in verborgene Winkel.

Wo finde ich diese Bekenntnisse und Gedanken formuliert? Aus dem Mund einer anderen Putzfrauentochter? Warum bin ich überwältigt von der Schönheit eines Ausblicks, der Stelle, wo das Meer und der Horizont sich die gleiche blaue Linie teilen, und warum breche bei diesem Anblick in Tränen aus? Ich weiß, das ist jetzt alles peinlich und ergibt allenfalls dann einen größeren Sinn, wenn man wie ich nicht mehr alles sehen kann, aber unbedingt alles erkennen will. Ich muss jemanden finden, die genau wie ich zwischen diesen beiden Schwellen steht, zwischen Putzeimer und Umsatzsteuervoranmeldung, und die mir bestätigt, dass dieses Leben auch für mich ist. Für uns.

1956

3.1.1956 Eine Rechtfertigung für Sünden und Verfehlungen, für die eigenen Schwächen zu finden – das ist es, wonach man sich mitten in der Nacht sehnt, wenn man am liebsten alleine sein will. Man sucht in vielen Büchern (und findet nicht die passende Abhilfe oder Rechtfertigung). Irgendwann, endlich, stößt man auf einen menschlichen Gedanken, auf einen dieser grandiosen Versuche der Kategorisierung, des Vergleichens und der Einordnung – die Art Gedanke, der die gesamte Menschheit rechtfertigt. Und plötzlich ist man glücklich, auch wenn man allein ist, ohne Trost, dass man in der Lage ist, an diesem rein menschlichen Sport des Denkens teilzunehmen. Man ist doch wenigstens Mitglied der Menschheit, und zwar auf die einzig mögliche Art: Denken, Nachdenken, ist der einzige Ausweis.

MORITZ HEGER

Schwimmen

Nein. Heute einmal nicht nach links. Heute peile ich nicht die schmutzigweiße Boje an. David sitzt darauf. Er pflegt die Stellung zu halten, bis ich denke, diesmal duldet er meine Nähe, das Tier gewöhnt sich doch noch an mich – just in dem Moment spreizt er immer ungnädig die Schwingen. Manchmal kreischt er auf mich herab. Gibt es eigentlich eine Bezeichnung für männliche Möwen? Ist er wirklich männlich? Woran erkennt man es? Aber David ist nicht der Grund. Nicht seinetwegen stoße ich die wie zum Gebet aneinandergelegten Hände nach rechts und nehme die wenigstens doppelt so lange Strecke hinüber zur Halbinsel mit der Muttergottes in Angriff. Ich glaube, es gibt keinen wirklichen Grund dafür. Nicht weil Sonntag ist, werde ich die große Runde schwimmen, und auch nicht, weil ich gestern nicht schwimmen konnte, wegen des Gewitters und der sonstigen Umstände. Ich will keinen Grund haben. Ich brauche keinen.

Gestern war ich bereits am See und umgezogen, aber als ich aus der Hütte trat, wurde mir schlagartig bewusst, ins Wasser gehen wäre Selbstmord. Ich neige, ich weiß es, zu Trotz gegen das, was nicht mit sich reden lässt, dennoch war gestern klar: keinen Schritt weiter. Auf dem Herweg

hatte mich das aufziehende Unwetter noch erregt wie Fest-
vorbereitungen. Die Natur hatte es eilig mit der Nacht, sie
hatte etwas vor. Die Sonnenblumen waren Schwefelblumen,
der See glänzte stählern. Doch das massive Grau der Wolke,
die sich über dem Tal türmte, durchtränkte tiefstes Tinten-
blau. Intensive Wärme, die jedoch keine Hitze mehr war,
ich durchschritt sie wie auf einem Damm oder gar Grat.
Als die ersten Tropfen hagelgroß auf Asphalt und Schulter
platschten und platzten, dunkle Flecken schufen, war das
der Beginn eines Wolkenbruchs und zugleich absolut thea-
tralisch: Ein Regisseursruf hätte es zu stoppen vermocht.
Wie köstlich begann die Welt zu riechen vom erweckten
Staub. Ich hatte keinerlei Grund umzukehren, obwohl mein
Vorhaben unsinnig geworden war, schritt ich nur umso ent-
schiedener aus. Ich dachte nichts. Meine Gedanken saßen
mit mir im Theater. Wir füllten es bis auf den letzten Platz.
Welch eine Spannung in der Luft lag. Eine *black box,* so
stand die Badehütte vor mir. Wenn du durch die landseitige
Tür eintrittst, siehst du immer schon durch die seeseitige
hinaus auf den Steg. Heute jedoch, obwohl die Tür offen
stand, herrschte drinnen Finsternis. Ich drehte den alten
Bakelitschalter. Spinnweben um die Funzel. Aber nirgends
eine Spinne, und es sah auch nicht so aus, als hätte hier in
letzter Zeit eine geturnt. Im Detail waren die Lochmuster
der Netze kunstvoll und schön. Heute entkleidete ich mich
wie für jemanden, der auf mich wartete. Ich war im Begriff hinauszutreten, als ein Blitz auf der Wasseroberfläche
stand. Beinahe im selben Moment der furchtbare Donner.

Die Gewitterzelle saß fest über unserem See. Der Himmel schwarz, die hineinzuckenden Blitze, eine absolut einseitige Schlacht. So mag es am Ende der Zeiten sein, wenn der Teufel schon tot, aber Gott noch zornig ist. Alle Schleusen geöffnet, und man denkt, das Wunder ist eigentlich, dass die Wolken sonst das Wasser halten. Ich stand diesseits der Schwelle und wurde trotzdem klatschnass. Aber frieren tat ich erst, als ich dachte, ich müsste doch frieren.

Im Wasser friert man anfangs immer, ich jedenfalls. Selbst an einem strahlenden Sommertag wie heute – das gestrige Unwetter scheint zu einer anderen Welt zu gehören – musste ich beim Einstieg durch die enge Pforte des Frierens. Mittlerweile bin ich wieder drin. Längst wieder drin im Wasser und im Rhythmus. Ich bin ein geübter Schwimmer. Seit sechzehn Jahren gehe ich in der warmen Jahreszeit täglich baden, fast täglich. Klar bin ich kein Sportler – aber ein Zappler auch nicht. Brust beherrsche ich. Man kann durchaus sagen, ich fühle mich wie ein Fisch im Wasser. Doch das unüberspringbare Frieren konfrontiert mich mit etwas anderem, etwas Altem. Da bin ich für Momente immer wieder das kleine Kind, das noch keinen Kern hat, das strampeln muss mit allem, was es hat. Damals wurde das missdeutet als Körperjubel, als Kinderwonne. »Der Lukas ist so eine richtige kleine Wasserratte. Gell, Lukas?« Ich habe nicht widersprochen. Wenn man »au ja!« von mir hören wollte – »Weißt du, wo wir heute hingehen? Ins Schwimmbad, Lukas!« –, habe ich brav »au ja!« gerufen.

Wie mein erwachsener Körper das kann, schwimmen. Wie er Armzug und Beinschlag koordiniert, selbständig und selbstverständlich. Heranziehen, Ausstoßen, Gleiten. Das Herausdrücken des Kopfs und sein Eintauchen zwischen die Oberarme. Einatmen, Ausatmen. Nichts daran ein Frage-Antwort-Ding. Ein Schauspieler, ja der müsste das auch auf dem Trockenen können. Eine Schauspielerin. Du musst aus weichem Material sein, Sarah. Dir kann sich die Welt einprägen, du kannst sie in dir tragen und spüren, auch wenn sie nicht da ist. Ich kann das nicht. Ohne Wasser kann ich nicht schwimmen, ich habe es versucht, ich komme heillos durcheinander. Ich kann also eigentlich gar nicht schwimmen. Das Wasser schwimmt mich. Schau, wie es mich schwimmt. Wie schön das ist, vom Wasser geschwommen zu werden. Man hält Kinder für authentisch, man denkt, sie könnten gar nicht anders, aber bei mir ging es gerade anders herum: Als ich klein war, war ich durch und durch ein Schauspieler, Erfühler und Erfüller – heute, glaube ich, wäre ich der schlechteste Schauspieler der Welt – weil ich nicht weich bin. Wie schön das ist, geführt zu werden. Jetzt, und jetzt.

Wie wild und zerzaust und offen der Himmel gestern nach dem Unwetter war. Auf jeder Höhe eilten die Wolken in eine andere Richtung, bei jedem Aufblicken ein völlig neues Bild. Der massive Gefechtsturm des Gewitters schien sich in nichts aufgelöst zu haben. Noch war es nicht dunkel, im Gegenteil, von der Seite stach die Sonne ihre rot glühenden Zinken herein und hob die Schichten voneinander ab. Im türkisen Zenit blank und still das Kreuz eines Flugzeugchens. Der Kondensstreifen verlief zur Schleppe eines Brautkleids. Darunter hatte man das Gefühl, ein verrückter oder einsamer Techniker würde nach dem Ende der Aufführung sämtliche Bühnenbilder herein- und herausfahren lassen. Zuoberst Schleiergespinste – eins war für Momente das Antlitz des Herrn auf dem Turiner Grabtuch. Darunter die grotesk vergrößerten Bakterien aus Medizinfilmen. Und dann schob sich über den Abtskopf ein Wal vor alles. Und dann verliehen sieben konzentrische Kondensstreifen unserem Hausberg einen so gewaltigen wie gleich wieder vergehenden goldenen Nimbus. Mehr als ein Dutzend Möwen stritt um die paar Pfähle am Rande des Schilfs, sie flatterten und hackten einander, wüst krakeelend. Sie müssen ihre kreatürliche Angst im Nachhinein überspielen, dachte ich, vor den Genossen, doch noch mehr vor sich selbst. Sie sind wie wir. Oder wir wie sie. Der Weltuntergang schweißt uns zusammen. Im Lichte des Weltuntergangs sind wir wirklich *eine* Schöpfung. Nur an die Schöpfung glauben, wie es heute angeblich so viele tun, ohne an den Weltuntergang zu glauben, ist eigentlich gar kein Glaube. Ein Schöpfer, der nicht auch zerstört, ist keiner, sondern nur ein dementer Greis, der debil in eine gottlos gewordene Welt grinst. Unsere Kleinheit bringt uns zusammen, nur unsere Kleinheit. Möwenkleinheit, Menschenkleinheit. Mönchskleinheit. Manneskleinheit, Frauenkleinheit. Kleinheit ist Nacktheit ist Wahrheit. Wir werden in Gott schwimmen, einmal werden wir alle in Gott schwimmen. Dann schwimmt Er uns.

Jetzt, und jetzt.

Jetzt, und jetzt.

Gestern stand bei meiner Rückkehr das Ökonomietor sperrangelweit offen. Ich bekam ein mulmiges Gefühl, eilte durch die Höfe. Vor der letzten Ecke sah ich bläulichen Widerschein auf den davon blinden Fenstern von Albans Atelier zucken. Ein Löschzug hatte sich am Gastgarten in die Zufahrt gequetscht. Menschen konnte ich auf den ersten Blick nicht bemerken. Hektisch leerlaufend wischte das Blaulicht über die Feuerwehrfahrzeuge. Mit der Notfallbeleuchtung hatten sie die Nacht mitgebracht, schien es. Eine Leiter war ausgefahren. Aber nicht zu einem der Gästezimmer, ich registrierte es mit einer gewissen Erleichterung, sondern zum rechtwinklig dazu gelegenen Wohntrakt der Brüder, hinauf zur dritten Gaube, von der Hausecke gezählt. Da lag die Zelle des alten Paters Meinrad. Das Fenster stand offen. Ein Feuerwehrmann kam auf mich zu.

»Sind Sie … ?«

»Wer soll ich sein?«

»Der, der fehlt.« Er sah auf einen Zettel. »*Bruder Lukas.*«

»Der bin ich.«

»Dann haben wir alle.«

»Ich war am See.«

»Aber Sie werden doch nicht schwimmen gegangen sein. Bei *dem* Gewitter. Die Brüder sagen, Sie gehen um diese Zeit immer schwimmen. Deshalb hat man sich Sorgen gemacht.«

»Heute war ich natürlich nicht drin. Das war ja direkt über uns.«

Er sah mich an, als würde er versuchen, sich einen Reim auf mich zu machen. Um das zu beenden, stellte ich fest: »Hier ist der Blitz also eingeschlagen. Das wundert mich. Wir haben die Blitzableiter vor einem Jahr erst überprüfen und, wo nötig, erneuern lassen. In der gesamten Anlage.«

»Kein Blitz«, sagte der Feuerwehrmann. »Heißgelaufener Ventilator. Ein Schwelbrand. Dass es während des Gewitters dazu kam, war, soweit wir bislang sagen können, der pure Zufall.«

»War er in seiner Zelle?«

Er schüttelte den Kopf. »Kein Personenschaden. Auch die achtundzwanzig Hausgäste sind vollzählig. Wir haben sie aus den Zimmern geholt. Vorher die Liste aus Ihrem Büro. Sie sind doch der Gastbruder?«

Ich nickte. »Gott sei Dank. Wie sind Sie hineingekommen?«

»Der Abt hat einen Generalschlüssel.«

Ich nickte wieder. Mein Impuls war, ihn zu korrigieren, es handelte sich ja nicht um den Abt. Andererseits war das völlig nebensächlich. Etwas unangenehm war mir, dass sie einfach in mein Reich eingedrungen waren. Aber ich hatte kein Recht auf dieses Gefühl, eher stand ich in ihrer Schuld, weil ich so lange fort gewesen war und Anlass zur Sorge geboten hatte.

»Jetzt sind alle versammelt in Ihrem Speisesaal. Der ist ja groß genug.«

»Das Refektorium, meinen Sie. Da dürfen alle mal in die Klausur.«

»Besondere Umstände.«

»Natürlich.«

»Nicht mal eine Herzattacke. Und das bei so vielen Senioren. Ungewöhnlich. Das macht wohl das Gottvertrauen.«

Dieser Blick des Feuerwehrmanns. Hat er gedacht, ich verschweige etwas? Aber der Feuerwehrmann ist ja ganz unwichtig, im Unterschied zu meinen Brüdern. Warum haben sie ihm gegenüber offenbar seltsame Andeutungen über mich gemacht? Am Ende sind sie überzeugt, *schwimmen* ist mein Deckwort. So überzeugt, dass man mir nicht einmal nachschleicht. Vermutlich sprechen sie untereinander nicht darüber. »Wie war das Schwimmen gestern?«, erkundigt sich manchmal einer. »Wie ist das Wasser zurzeit?« Und alle lächeln. Wenn es diesen Verdacht gibt – mir gegenüber wurde er noch nie geäußert, auch keine Anspielungen –, aber wenn es ihn gibt, ist er zu groß, als dass man ihn aus der Welt schaffen könnte.

Meine Brüder haben eine Riesenangst. Nie im Leben werden sie es ansprechen. Keiner will der sein, der den Stein ins Rollen gebracht hat. Wie wenn ich ein seltenes Tier wäre, auf das man besser nicht noch einen Schritt zu tut, nach dem man besser nicht die Hand ausstreckt, damit es nicht kehrtmacht und im Dschungel verschwindet. Sie bauen auf mich. Das Kloster – nicht als Unternehmen, den Gastflügel könnte auch ein Angestellter leiten, aber als Kloster – ist natürlich längst auf mich gebaut. Das Kloster, das sie dann, tattrig und eigensinnig, wie sie sind, in Brand stecken. Aber darum brauchen sie ja erst recht einen Fels. Felsen sind nicht entflammbar. Verstehst du, was ich meine, Sarah?

Als ich im Dunkel des Kreuzgangs die schwere Tür öffnete, scholl mir überraschender Lärm entgegen. Normalerweise hört man, wenn man verspätet ins Refektorium tritt, was für den Gastbruder die Regel ist – ich muss ja im Gästespeisesaal das Tischgebet halten –, die Lesung, den ruhigen Fluss einer geübten Stimme, untermalt nur vom Klirren des Bestecks und Geschirrs. Gestern jedoch – es war halb elf, an anderen Tagen liegt der historistische *Harry-Potter-Speisesaal,* Wort der Gäste, längst im Dunkeln – herrschte Stimmung wie in einem Lokal. Für gewöhnlich sitzen wir die getäfelten Wände entlang und maximal ein Dutzend, natürlich ausschließlich männliche, Gäste in der Mitte. Im

Bauch des Wals, wie Pater Silvanus zu sagen pflegt. Heute hockte man in bunt gemischten Grüppchen zusammen. Mehr Haut wurde gezeigt als üblich, braungebrannte und sogar etwas hellere Stellen. Stielgläser und Wein aus unseren Beständen – Pater Ludger persönlich musste ihn herausgerückt haben. Vor dem Abtstisch hatte sich ein Kreis gebildet, in dem Pater Silvanus jiddische Witze zum Besten gab. Er selbst lachte natürlich am lautesten. Aber er lachte nicht allein, vor allem weibliche Stimmen fielen ein. Frau Gerber rief: »Ach, da kommt ja endlich unser Bruder Lukas! Setzen Sie sich doch zu uns, Bruder Lukas!« Zwei Gäste sprangen gleichzeitig auf, um mir ihren Stuhl anzubieten. Ich übersah ein Weinglas, das jemand auf den Fliesen abgestellt hatte, und fegte es mit der Kutte um, so dass es zerschellte.

Seltsam, das Regelwidrigste, Frauen in der Klausur, fiel gar nicht besonders auf. Normalerweise darf der Abt, zurzeit Pater Ludger, die Gattinnen von Ehrengästen, in seltenen Fällen auch Politikerinnen und ähnliche Damen an seinen Tisch bitten. Eine klar definierte Ausnahme. Der Abend nach dem Brand – er kommt mir viel ferner vor als siebzehn Stunden – war etwas völlig anderes, ganz und gar Improvisiertes. Doch auch er brach die Regel nicht. Die Autorität des Feuers hatte gesprochen. Wäre ein Gast der Verursacher gewesen, zum Beispiel durch eine Kerze – nicht umsonst verbieten wir Kerzen auf den Zimmern –, hätte es anders ausgesehen. Aber da es unser Ältester war, Pater Meinrad, zugleich unser Frömmster, dem der Ventilator aufgenötigt worden war, weil er sein Dachkämmerchen unter keinen

Umständen gegen eine größere, komfortablere und vor allem nicht derart heiße Zelle hatte eintauschen wollen, und der nun voll Zerknirschung auf einem Stuhl saß und von beiden Seiten getröstet und umsorgt werden musste, kam man nicht umhin anzunehmen, hier und heute geschehe ein höherer Wille. Der vereinte uns für diesen Abend zu einer Gemeinschaft. Das Wir-Gefühl begeisterte, und am meisten uns. Die Frauen fremdelten längst nicht mehr, wenn sie es überhaupt getan hatten. Fehlte es an Wein, waren es Frauen, die zu einem verwaisten Tisch liefen, eine volle Flasche holten und ihre Runde versorgten. Meine Brüder – ich war noch der Zurückhaltendste – sahen aus wie Kinder an Weihnachten. Beschenkt mit der unerwarteten Möglichkeit zu Spaß ohne Sünde, beschenkt vom selbstverständlichen Frausein der Frauen. Wie jung alle miteinander wirkten! Man war an eine Schülerparty an einem Traditionsgymnasium erinnert, wirklich wahr.

Später wurde sogar Musik gespielt. Die Box gehörte Herrn Springorum. Wie von Zauberhand fütterte er am Smartphone den knallig türkisen, keine Handspanne hohen Zylinder, dessen Sound spielend die Kreuzgratgewölbe füllte. Hatte ein Oberer diese Unterhaltung gestattet oder gar bestellt? Mitbekommen hatte ich es nicht. Unsere Köchin war lange über ihre Arbeitszeit hinaus geblieben. Sie, die sonst betont: »Auch wenn ihr keinen habt, ich habe Feierabend«, meinte gestern nur: »Ich muss mich doch um meine Jungs kümmern.« Platten mit Häppchen hatte sie aus der Küche am anderen Ende des langen Refektoriums herbeigetragen, wofür sie allseits gelobt worden war. Eben wollte sie die Schürze von ihrer üppigen Figur lösen, als ein Lied im Dreivierteltakt einsetzte. Quer durch den Saal fragte sie Pater Ludger: »Dürfen Sie eigentlich tanzen, Pater?« – »Ich?« Unser Noch-Chef lachte, erhob sich, bot ihr die Hand, führte sie auf die freie Fläche zwischen Abts- und Gästetisch, und sie drehten sich im Walzerschritt. Direkt vor Frau Gerber geschah das, die neben unserem Pförtner saß, der einen noch viel weitläufigeren Leib sein eigen nennt. Sie wollte ihn animieren mitzutanzen, doch Bruder Paulus winkte ab, lächelnd den Kopf schüttelnd. So wiegte sie sich im Sitzen und lächelte jeden an, der in ihre Richtung schaute, auf die kleine, rundliche Mittsechzigerin im großgeblümten Kostüm neben dem schwarzen, glatzköpfigen Riesen. Als es vorbei war, klatschte sie, und der Saal klatschte mit. Wahrscheinlich werden wir einander noch in vielen Jahren an diese Minuten erinnern. »Weißt du noch, damals, als wir keinen Abt hatten und der Prior-Administrator in der Brandnacht im Refektorium mit der Köchin Walzer tanzte ...« Ein Kloster ist eine Erinnerungsgemeinschaft, größer als eine Familie und weiter zurückreichend. Hier sind Erinnerungen Tatsachen, tiefe Wurzeln. Ich hoffe, damit werden wir die Dürre überstehen.

Herr Springorum saß mit Lucian am Rand. Der Junge hatte dem Mann, der ja auch noch so jungenhaft aussieht, sicher eine halbe Stunde lang von sich erzählt. Zweimal war ich vorbeigekommen – hin und zurück, ja, ich war neugierig. *Gott ist uns näher als unsere Halsschlagader,* hatte Lucian andächtig zitiert und ich gedacht, das ist doch muslimisch, oder? Gestern hat er beschlossen, in einen katholischen Orden einzutreten, und heute ist ein Koranvers das Größte für ihn. Herr Springorum blickte ihm unverwandt in die Augen – er hat schwarze Augen, Herr Springorum, wie du –, aber den Jungen schien das nicht zu irritieren, im Gegenteil, anzufeuern schien es ihn. Der Ältere zog dem Jüngeren nichts aus der Nase mit Nachfragen, die, auch wenn sie noch so sehr von Mitdenken zeugen, doch schnell Verhörcharakter annehmen. Er blickte ihn einfach an, und manchmal lächelte oder nickte er. Aber eher selten. Ich habe so oft das Gefühl, mein Interesse dringt ins Gegenüber ein. Es ist wie ein U-Boot. Ich würde mich nie trauen, jemanden so lange anzugucken, ohne wegzugucken. Aber Herr Springorum konnte das, oder vielleicht gibt's da kein Können. Er tat es, und es funktionierte. Ich war ein wenig eifersüchtig. Nun aber waren die beiden längst dazu übergegangen, einander auf den Smartphones Dinge zu zeigen. Sie scherzten und lachten und fingerten flink über die Displays. Warum will er hier eintreten, dachte ich, er wird so schnell warm mit Leuten, was will der Junge in diesem alten Gemäuer, aber im nächsten Moment kam mir die Idee: Und wenn sie beide kommen? Eigentlich wäre das toll, supertoll. Doch schien es so unglaublich, dass ich gar nicht sagen konnte, ob ich es wirklich toll fände.

Wenn *schwimmen* mein Deckwort wäre, würde ich jetzt das andere tun. Mit jemand anders. Das Wildere. In der schwülen Luft der Badehütte vermutlich, vermutlich nicht im kühlen Wasser. Mein Körper würde nicht solche gleichmäßigen, symmetrischen Züge machen, zwischen denen es jedes Mal diese Gleitphase gibt, während der man gestreckt im Wasser liegt und einfach nur in Bewegung ist, bewegter Unbeweger, Gegenstück Gottes. Der aufrechte Gang kennt keine solchen Gleitphasen. Sie machen das Brustschwimmen so entspannend. So absolut entspannend. Ich könnte ewig schwimmen, jedenfalls habe ich gerade dieses Gefühl. Wenn nur nicht das Frösteln wäre, die leise Andeutung von Frieren, besonders während der Gleitphasen. Hätte der See fünf Grad mehr, man könnte wirklich ewig drinbleiben. Aber das erreichen wir selbst im heißesten Sommer nicht, dafür ist er zu tief. Dafür müsste er schon ausbrechen, der Vulkan.

Wasser ist dichter, als man denkt. In Wahrheit ist es nicht läpprig, nicht durchsichtig. Das ist eine äußerliche, verkitschte Betrachtungsweise, all die Symbolbilder von Tautropfen und Händeschalen. Aber seinem Wesen nach ist Wasser dunkel. Dieser See ist eine Einheit. Ich durchmesse eine Einheit. Die Uferlinie ist nicht der See. Der Spiegel ist nicht der See. Das Wasser als Einheit, das ist der See. Jetzt, und jetzt. Natürlich würde sich Sex dahinter verbergen. Hinter meinem Deck-Wort. Haha. Natürlich würde sich eine Frau dahinter verbergen, eine Frauengeschichte. Im Februar werde ich neununddreißig, bald habe ich das halbe Leben hinter mir, statistisch. Obwohl Mönche älter werden als der Rest der Welt, ebenfalls statistisch. Gleichform, Gleichmaß hält gesund. Frauen leben länger als Männer, Ordensleute länger als ihr draußen, ob sich das bei uns ausgleicht? Ob wir beide noch eine ähnliche Strecke vor uns haben, Sarah?

Als Junge dachte ich immer, die anderen Jungs wüssten alle, wie es geht. Auch wenn sie kein Mädchen hatten und es noch nie gemacht hatten, sie wüssten, wie es geht. Dieses Wissen wäre gleichbedeutend mit Männlichsein. Jungs wären Tiere. Aber Mädchen auch. Die wüssten es sogar noch genauer, weil sie beim Vollzug passiv und in der Beobachterrolle bleiben könnten. Mit ihrem ganzen weichen Körper in der Beobachterrolle. Hinterher gingen sie die Sache jedenfalls immer mit ihren Freundinnen haarklein durch, machten sich lustig und lachten hell auf, ein einziger Leib aus Mädchen.

Der Verdacht meiner Mitbrüder, dessen ich sie verdächtige, im Grunde schmeichelt er mir natürlich. Weil darin steckt, dass sie – auch die Alten sind *ein* Leib, ein Leben lang stehe ich Einheiten gegenüber – davon ausgehen, ich wüsste genau, wie es geht. Mein Körper würde die kühle, geschmeidige Hülle des Wassers nur zu gern eintauschen gegen die dumpfe, dunkle, heiße Luft der Badehütte. Er könnte selbstverständlich aus sich heraus einen anderen Rhythmus erzeugen. Zustoßen, schneller und schneller, wie die in den Pornos, wo Männlichkeit und Potenz eins sind.

Komisch, dir solche Dinge zu erzählen, Sarah. Wenn das jemand hören würde, der müsste fast zwangsläufig denken, dass ich was von dir will als Frau. Klar wäre es noch etwas ganz anderes, die Dinge auszusprechen in deiner physischen Anwesenheit. Aber manches habe ich dir auch schon wirklich erzählt. Gar nicht so wenig. Gerade gestern Abend ja. Beziehungsweise nachts natürlich. Es war nach Mitternacht, zu einer Zeit, zu der wir Mönche normalerweise die Einheit des Schlafes bilden. Und es gibt nichts, von dem ich ausschließen würde, es dir zu erzählen. Einer Schauspielerin, die es mit auf die Bühne nimmt und zugleich in ihrem Herz verwahrt. Ich würde dir gerne zusehen, wie deine Phantasie meine Phantasie echt macht. Ich will nichts von dir. Ich glaube, dass ich nicht lüge mit diesem Satz. Aber der andere Satz ist auch wahr: Ich schließe es nicht aus.

Zu meinem Beichtvater bin ich nie offen, nie wirklich, was hieße, ganz und gar, radikal, rückhaltlos, kopfüber. Nie wie ein Kind, obwohl das natürlich die Forderung ist, die Idee, der Sinn. In der Beichte musst du doch im freien Fall sein, wenn sie echt ist. Aber bei mir bleibt es immer ein Spiel. Auch zu Gott kann ich nicht wirklich offen sein. Ich kann es nicht. Ich rede im Gebet, wie man mit Familienmitgliedern redet, die ja alles immer schon so ungefähr wissen. Weißt du ja, Herr … Kennst mich doch, Herr … Im Grunde ist das kein halbes Aussprechen, sondern Verschweigen. Ich mache Gott zu meinem Komplizen im Gebet, und auch das zu bekennen ändert nichts daran.

Ich stelle mir vor, jemandem *alles* über mich erzählt zu haben. Diese Jemandin bist du. Ich stelle mir vor, dass es raus ist. In der Welt. Das Unförmige. Was größer ist als man selbst, aber in einem drinsteckt. Gesteckt hat. Du bist noch da. Sitzt neben mir im Plastikstuhl auf den sonnenbeschienenen Planken. Aufmerksam, zugewandt. Genauso schön und körperlich wie zuvor. Vielleicht war es gar keine

Eruption, die alles verbrennt. Was, wenn es vom Ende her betrachtet eine Geburt wäre?

Das Verhältnis zu den beiden Bojen, die eine Parallele zu meinem Weg ziehen, scheint sich kaum zu ändern, obwohl mein Schwimmen nichts an Kraft eingebüßt hat. Die gelbe ist längst passiert, aber der roten komme ich seit etlichen Zügen nicht nennenswert näher. Auf ihrer Höhe denke ich mir eine Zwischenziellinie. Zu ihr ist es doch wesentlich weiter als angenommen. Es ist schwer, im Wasser Entfernungen zu schätzen. Deine Augen bringst du, wenn's hoch kommt, vierzig Zentimeter über die Oberfläche. Zwischendurch schien die Halbinsel schon fast zum Greifen nah. Augenblicklich liegt der grüne Saum in unbestimmter Distanz auf einer Uferlinie, so gerade, dass man ins Zweifeln kommen könnte, ob das wirklich die Halbinsel ist. Nur am üppigeren Grün erkenne ich sie. Dort wuchert sich selbst überlassen ein Wäldchen. Die Muttergottes war, als ich sie das letzte Mal besuchte, halb zugewachsen. Das ist auch schon geraume Zeit her. Seitdem wird niemand nach ihr gesehen haben, wer denn? Was sollte einen Bauern dazu bewegen, von der angrenzenden Weide und seinen Kühen einen Abstecher in diesen Flecken Wildnis zu machen, diesen Tropfen Land, der in den See hängt, ohne abzureißen?

Bruder Gregor hat sie geschaffen und ist an ihr gestorben. Er gehört zum selben Jahrgang wie Alban, Künstlerzwillinge gewissermaßen, aber da er schon mit fünfundzwanzig heimgerufen wurde, scheint er viel jünger und zugleich aus ferner Zeit. Als hätte sich im Mittelalter ereignet, dass er in einem strengen Winter die vollendete Muttergottes, seine erste, über den zugefrorenen See trug. Immer, wenn die Geschichte erzählt wurde, wurde dieses Wort benutzt, *tragen*. Die Marmorstatue ist viel zu schwer, als dass ein Einzelner sie auch nur heben könnte. Doch vor meinem inneren Auge *trägt* er sie. Wie der Turm von Pisa ragt sie aus seiner Umklammerung und drückt eiskalt an seine Wange, während er mit ihr schweren, schwankenden Schritts in den Nebel tappt. Hier, genau hier könnte passiert sein, dass sie einbrachen. Niemand wollte dabei gewesen sein beim Transport. Das kam mir immer schon unglaubwürdig vor. Das Kloster war doch voller kräftiger junger Männer damals. Ihn hat man neben die Kapelle gebettet, sie ihre Reise doch noch beenden lassen. Seit mehr als sechzig Jahren steht sie nun auf der Halbinsel, ohne Gesicht, eine Unfallfolge, wenn auch die Verwitterung das Ihre dazu beigetragen hat. Warum hat man sie geortet und heraufgeholt, was doch sicher der viel schwierigere Teil war, dann aber nicht repariert? Den Blick Richtung Erdmitte stelle ich mir vor, wie die helle Statue am Grund auftraf, ein Aufprall in Zeitlupe.

»Ich war wahnsinnig erleichtert, als ich den Steg erreicht habe«, hast du gestern Nacht gesagt. »Das hast du gar nicht gemerkt, oder?« Da standen wir schon am Ökonomietor, und es war, aber ich habe erst hinterher auf die Uhr gesehen, fast zwei. »Du hast mich angeguckt, als ob ich aus dem See stammen würde«, hast du gesagt, »als ob Frauen irgendwo da unten wohnen. Warum soll man sich wundern, wenn sie angeschwommen kommen wie Enten?« Du hast gelacht. Im Dunkel sah ich deine Zahnreihe schimmern. »Du schwimmst immer nur deine Runde, was? Du kennst das gar nicht, oder? Seit Jahren gehst du Tag für Tag schwimmen. Aber hast du dich einmal dem See gestellt? Wirklich dem See? War ja auch ganz schön bescheuert von mir, was? Ich bekam echt Todesangst. Wie wenn man springt, also ich stelle es mir so vor, dass man den Schritt noch in der Luft bereut und denkt, das war doch nur ein kleiner Schritt. Aber jetzt ist es zu spät. Beim Schwimmen geht es nicht um *einen* Zug. Da gibt's keine krasse Erdbeschleunigung, eher das Gegenteil. Aber das macht es fast noch unheimlicher. Gerade hat es noch großen Spaß gemacht. Man war wirklich ein Fisch im Wasser. Aber nun bist du einfach *sehr* weit draußen. Fast in der Mitte. *In the middle of nowhere.* Und fühlst dich etwas schlapp. Würdest gerne verschnaufen, ausruhen. Aber da ist nichts, weit und breit nichts. Nur Fläche. Eine große Müdigkeit steigt in dir auf, und Einfachnichtweitermachen stellt eine reale Möglichkeit dar. Zwingen musste ich mich, mir ein Ziel stecken und einen Zug nach dem anderen tun. Am Ende war ich wieder im Rhythmus, da sah das Ganze vermutlich sportlich aus, vielleicht konntest du wirklich nichts merken.«

»Und wo schläfst du jetzt?«, sagte ich. »Ich könnte dir …«

»Alles gut«, sagtest du. »Aber danke. Schlaf gut.« Ich spürte den leichten Druck deiner Lippen auf der Wange, und schon warst du in der Nacht verschwunden. Ich schloss das schwere Tor. Ich habe nicht geschlafen.

Im Klostergarten saß ich, auf einer Bank vor der Ostapsis. Die Nacht über sind die Glocken abgeschaltet. Um fünf schlug es mächtig die Stunde. Es war noch dunkel. Ich blieb sitzen, auch als zwanzig Minuten später das treibende Dröhnen des Geläuts zum Gebet mahnte. Vor mir sah ich, was in meinem Rücken ablief, drinnen jenseits der dicken Kirchenmauer. Die Alten mochten kaum geschlafen haben nach der Aufregung des Brandes und des Fests – oder wie man das nennen sollte –, zerzaust mochten sie sein und ungewaschen, aber sie waren auf dem Posten. Mir würden sie verzeihen, von Herzen verzeihen, dass ich fehlte. Sie fehlten nicht. Allmählich wurde es hell, das Schwarz zog sich in meine Kutte zurück. Ich betrachtete die Höcker meiner Knie unter dem fließenden Stoff.

Und am selben Tag muss ich die große Runde schwimmen. Gut, ich kann in der Mitte eine Pause einlegen – aber insgesamt ist, was ich mir vorgenommen habe, ähnlich weit wie deine Strecke vor Kurzem, Sarah. Dabei müsste ich sehr müde sein.

Ich bin sehr müde.

Wenn ich raus bin – es wird nicht einfach sein, an Land zu kommen bei all den Teichrosen und Braunalgen, die hohen Temperaturen haben regelrecht zu einer Algenpest geführt –, wenn ich endlich auf der Halbinsel stehe – es ist doch *viel* weiter als gedacht –, werde ich mich erst mal ins Gras legen und schlafen, und die Ameisen und Käfer dürfen über mich laufen. Sie werden mich nicht davon abhalten.

Wo kommt das Kühle auf einmal her? An der Temperatur des sonnenbeschienenen Wasserspiegels hat sich nichts geändert, doch darunter ist sie merklich abgesunken, es fällt mir auf, wenn ich die Knie anziehe. Ich stoppe. Ein Flöz von Kaltwasser liegt einen halben Meter unter der Oberfläche und hat nach oben hin, wie auch immer das physikalisch zugeht, eine klare Grenze. Ob das ein Überrest des gestrigen Gewitters ist? Kann das noch sein? Irgendeinen Grund muss es haben, da alles in der Natur einen hat. Ich lasse die Beine ins Kalte hängen und schaue, das Gesicht im Wasser, hinab. Meine Füße leuchten dort unten weiß wie Eis. Nur die Füße, die Beine sind dunkler als draußen. Aber es gibt doch nicht solch einen Farbunterschied zwischen meinen Körperteilen! Bei Menschen vielleicht, die den ganzen Sommer in kurzen Hosen rumlaufen, aber doch nicht bei mir. Ein wenig erleichtert merke ich, woran es liegt: am Winkel. Was direkt nach oben zeigt, strahlt weiß, alles andere ist braun. Nun spiele ich damit, strecke die Zehen und ziehe sie an, lasse meine gespenstischen Enden erscheinen und verschwinden.

Gleißende Murmeln blase ich aus Nase und Mund, sie ploppen mir gegen Wange und Jochbein, während sie eilig hinaufkollern. Licht zu Licht.

Wie lange man nicht Atem holen muss. Viel länger, als man denkt. Der Trick ist, die Luft nicht aktiv anzuhalten.

Was, wenn alle Luft aus der Lunge entlassen ist? Wenn du keine Reserve mehr hast, aber es schaffst, nicht hektisch zu werden? Dann wäre man wirklich leer. Dann wäre man wirklich Mönch.

Ich lege mich auf den Rücken und blicke in den Himmel. Das Wasser unter mir ist ein Berg, der mich ins Hohlkreuz drückt. Es ist nicht anstrengend, nicht im Geringsten. Ertrinken erscheint unmöglich.

Wieder bäuchlings hängend höre ich bewusst unter Wasser. Von allem bin ich durch eine dicke Schicht abgedämmt, aber die Geräusche, die ich höre, sind ganz nah, wie in einer Glocke. Klicken. Gluckern. Das Bollern der Blasen bei jeder Portion entlassener Luft. Dann wieder Stille, und ein feines, alles grundierendes Rauschen, das Rauschen der Tiefe.

AUDRE LORDE

Der Mörser meiner Mutter

Als ich aufwuchs, gab es im Haus meiner Mutter Gewürze, die gemahlen, und Gewürze, die zerstoßen wurden, und zum Zerstoßen von Gewürzen und Knoblauch oder Kräutern nahmen wir einen Mörser. Jede westindische Frau, die etwas auf sich hielt, hatte einen eigenen Mörser. Wer ihn verlor oder zerbrach, konnte natürlich auf dem Markt an der Park Avenue unter der Brücke einen neuen kaufen, aber dort gab es vorwiegend puerto-ricanische Mörser, und obwohl sie auch aus Holz waren und genau gleich funktionierten, waren sie irgendwie nie so gut wie westindische Mörser. Mir war zwar nie ganz klar, woher die besten Mörser kamen, aber ich wusste, dass sie aus der Nähe jenes gestaltlosen und rätselhaft vollkommenen Ortes stammen mussten, der »Heimat« hieß. Und alles, was aus der »Heimat« kam, musste etwas Besonderes sein.

Der Mörser meiner Mutter war kunstvoll gearbeitet, ganz im Gegensatz zu den meisten ihrer Besitztümer und gewiss auch zu dem Eindruck von sich, den sie bei anderen wecken wollte. Er stand, solang ich denken konnte, solide und elegant im Küchenschrank, und ich liebte ihn sehr.

Der Mörser war aus einem wohlriechenden, fremden Holz, zu dunkel für einen Kirschbaum und zu rot für Walnuss. Für meine Kinderaugen war die Außenseite raffiniert und äußerst verführerisch geschnitzt. Da gab es halbrunde Pflaumen und ovale unbestimmbare Früchte, einige lang und flötenförmig wie Bananen, andere eiförmig und zum Ende hin dicker wie reife Avocados. Dazwischen waren kleinere runde Formen wie Kirschen, die zu Haufen aufgetürmt über- und untereinanderlagen.

Ich liebte es, die harten Rundungen der geschnitzten Früchte und die immer wieder überraschenden Kanten der Formen oben am Rand zu befühlen, denn dort endeten die Schnitzereien, und die Schüssel fiel plötzlich nach innen ab, glatt und rund, aber auf einmal ganz funktional. Die schwere Robustheit dieses nützlichen hölzernen Gegenstandes vermittelte mir stets ein Gefühl von Sicherheit und Fülle, so als stiegen aus den vielen verschiedenen Geschmacksnoten, die in seine Innenwände gestampft waren, Visionen von köstlichen Festmahlen auf, die es schon gegeben hatte oder die noch kommen sollten.

Der Stößel war aus demselben geheimnisvollen tiefroten Holz gefertigt, lang und nach oben hin verjüngt, und er lag locker und vertraut in der Hand. Seine Form erinnerte mich an einen Flaschenkürbis mit lang gestrecktem und leicht verdrehtem Hals. Er hätte auch eine lang gezogene Avocado sein können – zum Stampfen nutzbar gemacht, ohne dabei den Anschein weicher Festigkeit und den Charakter der vom Holz angedeuteten Frucht zu verlieren. Das mahlende untere Ende war etwas dicker als bei den meisten Stößeln und fügte sich durch die Rundung mühelos in die Mörserschüssel. Langer Gebrauch und viele Jahre des Mahlens und Stoßens in der abgenutzten Mulde der Schale hatten die äußerste Holzschicht des Stößels so aufgeweicht, dass das untere Ende von einer samtigen Schicht gesplitterter Holzfasern überzogen war. Eine Schicht des gleichen samtig zermalmten Holzes säumte den Boden im Inneren der Schüssel.

Meine Mutter mörserte nicht besonders gern Gewürze, für sie war das Aufkommen von allem Möglichen in Pulverform ein Segen für Köchinnen. Aber es gab ein paar Gerichte, die nach einer besonderen Gewürzmischung aus Knoblauch, rohen Zwiebeln und Pfeffer verlangten, und dazu gehörte Souse.

Für Souse nach dem Rezept unserer Mutter war es gleich, welche Sorte Fleisch verwendet wurde. Es konnte Herz oder geschnetzeltes Rindfleisch oder sogar Hühnerrücken und Muskelmagen sein, wenn wir wirklich arm waren. Was sie so besonders und unvergesslich machte, war die sämige Mischung aus zerstoßenen Kräutern und Gewürzen, mit der das Fleisch eingerieben wurde, bevor es vor dem Kochen einige Stunden ruhen musste. Aber meine Mutter hatte ganz klare Vorstellungen davon, was sie am liebsten kochte und am liebsten aß, und Souse gehörte in keinem Fall dazu.

Bei den ganz seltenen Gelegenheiten, wenn meine Mutter eine von uns dreien ein Gericht wählen ließ – während es unsere tägliche Pflicht war, bei der Zubereitung zu helfen –, wünschten sich meine Schwestern normalerweise eines der geächteten Gerichte, die wir von den Tischen der Verwandten in so lieber Erinnerung hatten, Schmuggelgut die es bei uns so selten gab. Sie baten häufiger um Würstchen, in Ketchup ertränkt oder zu Boston Baked Beans; oder um amerikanisches Hähnchen, paniert und knusprig gebraten nach Südstaatenart; oder um irgendetwas mit weißer Soße, was eine von meinen Schwestern aus der Schule kannte; wie auch immer gefüllte Kroketten oder Frittiertes; und einmal gab es sogar die kühne, unverschämte Bitte um frische Wassermelonenscheiben, die direkt von der Ladefläche eines klapprigen hölzernen Kleinlasters aus verhökert wurden, an dessen Seitenbrettern noch der Straßenstaub aus dem Süden haftete und von dem ein knochiger junger Schwarzer mit nach hinten gedrehter Baseballmütze halb brüllend, halb jodelnd »Waaaaah-seeeerrr-määäähhlonnnnneee« rief.

Es gab viele amerikanische Gerichte, auf die auch ich Appetit hatte, doch bei den ein bis zwei Gelegenheiten im Jahr, zu denen ich mir ein Essen wünschen durfte, bat ich immer um Souse. Ich wusste, dass ich dafür den Mörser meiner Mutter benutzen durfte, und das allein genoss ich mehr als alle verbotenen Speisen. Außerdem konnte ich, wenn ich wirklich einen Heißhunger auf Hotdogs oder Kroketten hatte, immer ein wenig Geld aus der Hosentasche meines Vaters stehlen und sie mir mittags in der Schulkantine kaufen.

»Mutter, lass uns Souse essen«, sagte ich also ohne das leiseste Zögern. Die Vorfreude auf den Geschmack des weichen, würzigen Fleisches war in meiner Fantasie untrennbar mit dem haptischen Vergnügen verbunden, den Mörser meiner Mutter zu benutzen.

»Wie kommst du drauf, dass jemand die Zeit hat, das viele Zeug zu mahlen?« Meine Mutter warf mir aus den habichtgrauen Augen unter ihren schweren schwarzen Brauen einen stechenden Blick zu. »Ihr Kinder denkt einfach nie nach«, und damit wandte sie sich wieder dem zu, womit sie gerade beschäftigt war. Wenn sie gerade mit meinem Vater aus dem Büro gekommen war, kontrollierte sie vielleicht die Quittungen des Tages, oder sie wusch die endlosen Haufen schmutziger Bettwäsche, die immer aus den Wohnheimen zu kommen schienen.

»Oh, ich kann den Knoblauch mahlen, Mommy!« lautete meine nächste Zeile im Skript, das von alter, geheimnisvoller Hand zu stammen schien, und ich ging schon zum Schrank, um den schweren Holzmörser und den Stößel zu holen.

Ich nahm eine Knoblauchzwiebel aus dem Knoblauchglas im Kühlschrank und brach zehn bis zwölf Zehen heraus, entfernte sorgfältig die dünne, lavendelfarbene Haut und schnitt jede der geschälten Zehen der Länge nach durch. Stück für Stück ließ ich sie in den großen bereitstehenden Mörser fallen. Dann schnitt ich eine Scheibe von einer kleinen Zwiebel ab und legte den Rest beiseite, damit er später ans Fleisch kam, viertelte die Zwiebelscheibe und warf auch sie hinein. Als Nächstes kam der grob gemahlene, frische schwarze Pfeffer, und dann streute ich großzügig Salz über das Ganze. Schließlich, wenn wir welche hatten, ein paar Blätter von einem Stangensellerie. Meine Mutter fügte manchmal ein Stück von einer grünen Paprikaschote hinzu, aber ich mochte das Gefühl der Paprikahaut unter dem Stößel nicht und fügte sie lieber später mit den Zwiebelscheiben hinzu, wenn ich alles auf das gewürzte Fleisch gab und es eine Weile einziehen ließ.

Wenn alle Zutaten im Mörser waren, nahm ich den Stößel, setzte ihn in der Schüssel an, drehte den Schaft langsam ein paarmal und arbeitete mich sanft durch die Zutaten, bis alle vermengt waren. Erst dann hob ich den Stößel wieder an. Eine Hand fest um die geschnitzte Außenseite des Mörsers gelegt, die hölzernen Früchte mit meinen aromatischen Fingern streichelnd, stieß ich mit der anderen Hand kräftig nach unten und spürte das knirschende Salz und die harten Knoblauchstückchen durch den Schaft des hölzernen Stößels hindurch. Wieder hoch, runter, im Kreis herum und hoch – so begann der Rhythmus.

Das *Stampfen Stoßen Reiben Kreisen* wiederholte sich wieder und wieder. Der gedämpfte Schlag des Stößels auf das Bett aus zermahlenen Gewürzen, während Salz und Pfeffer den langsam hervortretenden Saft aus dem Knoblauch und den Sellerieblättern aufsaugten.

Stampfen Stoßen Reiben Kreisen. Die vermengten Wohlgerüche stiegen aus dem Mörser auf.

Stampfen Stoßen Reiben Kreisen. Das Gefühl des Stößels, den ich in meinen gekrümmten Fingern hielt, und der Rundung des Mörsers, der sich in meiner Handfläche wie eine Frucht wölbte, während ich ihn fest an meinen Körper presste.

Das alles trug mich fort in eine Welt von Duft und Rhythmus, Bewegung und Geräusch, die mich mehr und mehr einfing, je mehr sich die Zutaten verflüssigten.

Manchmal sah meine Mutter mit jenem belustigten Unmut zu mir herüber, der als Zärtlichkeit durchging.

»Was machst du denn da, Knoblauchsuppe? Das reicht, geh jetzt das Fleisch holen.« Und ich holte beispielsweise die Lammherzen aus dem Kühlschrank und begann, sie zuzubereiten. Ich schnitt die verhärteten Venen oben von den glatten festen Muskeln und teilte jedes ovale Herz in vier keilförmige Stücke, nahm mit den Fingerspitzen etwas Gewürzmasse aus dem Mörser und rieb jedes Stück mit der herzhaften Mischung ein. Die Küche war erfüllt vom kräftigen Geruch von Knoblauch, Zwiebel und Sellerie.

Zum letzten Mal zerstampfte ich die Gewürzmischung für die Souse im Sommer meines fünfzehnten Lebensjahres. Für mich war es ein ziemlich unerfreulicher Sommer gewesen. Ich hatte gerade mein erstes Jahr Highschool beendet. Anstatt meine neu gefundenen Freundinnen besuchen zu können, die alle in anderen Stadtteilen wohnten, hatte ich meine Mutter zu einer großen Besuchsrunde bei Ärzten begleiten müssen, mit denen sie sich lange flüsternd unterhielt. Nur etwas von äußerster Wichtigkeit konnte sie an so vielen aufeinanderfolgenden Vormittagen aus dem Büro ferngehalten haben. Meine Mutter war besorgt, weil ich vierzehneinhalb Jahre alt war und noch nicht menstruiert hatte. Ich hatte einen Busen, aber noch keine Periode, und sie fürchtete, mit mir könne etwas »nicht stimmen«. Doch da sie nie mit mir über diese rätselhafte Angelegenheit der Menstruation gesprochen hatte, sollte ich auf keinen Fall erfahren, worum sich das ständige Geflüster drehte, obwohl es meinen eigenen Körper betraf.

Natürlich wusste ich so viel, wie ich damals nur irgend aus den schwer erhältlichen Büchern im »verschlossenen Schrank« hinter dem Tisch der Bibliothekarin in der öffentlichen Bücherei hatte herausfinden können. Ich hatte einen gefälschten Brief von zu Hause abgegeben, um die Erlaubnis zu erhalten, an einem Extra tisch, der für diesen Zweck reserviert war, unter dem wachsamen Auge der Bibliothekarin darin zu lesen.

Obwohl nicht furchtbar informativ, waren es faszinierende Bücher, in denen Wörter wie *Menses* oder *Ovulation* und *Vagina* verwendet wurden.

Aber ich hatte vier Jahre zuvor herausfinden müssen, ob ich schwanger war, weil ein Junge aus meiner Schule, der viel größer war als ich, mich auf dem Weg von der Bücherei nach Hause auf das Dach eingeladen und dann gedroht hatte, meine Brille kaputtzumachen, wenn er mir nicht sein »Ding« zwischen die Beine schieben durfte. Zu der Zeit wusste ich nur, dass Schwangerschaft etwas mit Sex zu tun hatte und Sex etwas mit jenem bleistiftartigen »Ding« und sowieso schlecht war und dass nette Leute niemals davon sprachen, und hatte Angst, meine Mutter könnte davon erfahren, denn was würde sie dann mit mir machen? Mir war es nicht einmal erlaubt, die Briefkästen im Hausflur anzugucken, obwohl Doris, ein Mädchen aus meiner Klasse in der St. Mark's, in dem Haus wohnte und ich im Sommer immer so einsam war, ganz besonders in dem Sommer, als ich zehn war.

Also wusch ich mich, sobald ich nach Hause kam, und log darüber, warum ich zu spät aus der Bücherei gekommen war, und bekam eine Tracht Prügel. Es muss auch für meine Eltern ein harter Sommer im Büro gewesen sein, denn es war der Sommer, in dem ich zwischen dem vierten Juli und Labor Day fast jeden Tag für irgendetwas Prügel bekam.

Wenn ich gerade keine Prügel bekam, versteckte ich mich in der Bücherei an der 135th Street und fälschte Briefe von meiner Mutter, um Bücher aus dem »verschlossenen Schrank« zu bekommen, und las von Sex und vom Kinderkriegen und wartete darauf, dass ich schwanger wurde. In keinem der Bücher wurde der Zusammenhang zwischen der Menstruation und dem Kinderkriegen für mich verständlich erklärt, aber alle machten den Zusammenhang zwischen Penissen und Schwangerschaft sehr deutlich. Vielleicht bestand die Verwirrung aber auch bloß in meinem Kopf, denn ich war schon immer eine sehr schnelle, doch keine sehr sorgfältige Leserin gewesen.

Und so war ich vier Jahre später, in meinem fünfzehnten Lebensjahr, ein sehr verängstigtes kleines Mädchen, immer noch halb besorgt, dass einer in dieser endlosen Reihe von Ärzten in meinen Körper spähen, meine vier Jahre alte Schande entdecken und zu meiner Mutter sagen würde: »Aha! Da haben wir's! Ihre Tochter ist dabei, schwanger zu werden!«

Aber wenn ich andererseits meiner Mutter sagte, dass ich wüsste, was los sei und worum es bei diesen medizinischen Safaris gehe, würde ich auf ihre Fragen, warum und woher ich es wisse, obwohl sie mir nie etwas gesagt hatte, antworten müssen und dabei nicht umhinkommen, die ganze schreckliche, kompromittierende Geschichte von verbotenen Büchern und gefälschten Briefen an die Bücherei und von Dächern und Unterhaltungen im Treppenhaus preiszugeben.

Ein Jahr nach dem Vorfall auf dem Dach waren wir nach Washington Heights gezogen. Die Kinder in der St. Catherine's School schienen viel mehr über Sex zu wissen als die in St. Mark's. In der achten Klasse stahl ich mal Geld und kaufte meiner Klassenkameradin Adeline eine Schachtel Zigaretten, und sie bestätigte meine aus den Büchern gewonnenen Vermutungen darüber, wie Kinder gezeugt werden. Als Reaktion auf ihre anschaulichen Beschreibungen kam mir der Gedanke: Es *muss offensichtlich noch eine andere Methode geben, von der Adeline nichts weiß, denn meine Eltern haben Kinder, und ich weiß genau, dass sie so etwas nie gemacht haben!* Aber die grundlegenden Prinzipien, die sie andeutete, entsprachen tatsächlich genau dem, was ich mir aus *The Young People's Family Book* zusammengereimt hatte.

Also machte ich im Sommer meines fünfzehnten Lebensjahrs auf einem Untersuchungstisch nach dem anderen die Beine breit und schwieg, und als ich eines heißen Julinachmittags Blut in meiner Unterhose entdeckte, spülte ich sie heimlich im Badezimmer aus und zog sie nass wieder an, weil ich nicht wusste, wie ich meiner Mutter verkünden sollte, dass nun sowohl ihre als auch meine Sorgen endlich überstanden waren. (Die ganze Zeit über hatte ich wenigstens eins begriffen: Wenn du deine Periode bekommst, kannst du nicht schwanger sein.)

Was dann geschah, war wie ein Stück aus einem alten, kunstvoll arrangierten Tanz zwischen meiner Mutter und mir. Sie findet es endlich durch einen Fleck auf der Klobrille heraus, den ich dort absichtlich als stumme Mitteilung hinterlassen habe. Sie schimpft: »Warum hast du mir nichts davon gesagt? Es ist nichts Schlimmes, du bist jetzt eine Frau, kein Kind mehr. Lauf in die Drogerie und bitte den Mann um …«

Ich war einfach erleichtert, dass die ganze verdammte Geschichte vorbei war. Es ist schwer, in doppeldeutigen Botschaften zu sprechen, ohne eine zweite Zunge zu haben.

Meine Mutter beschwor alptraumhafte Bilder und Restriktionen herauf:

»Das heißt, dass du von jetzt an besser achtgeben musst und nicht zu jedem Tom, Dick und Harry so freundlich sein darfst …« (Das musste sich offenbar darauf beziehen, dass ich nach der Schule länger ausblieb, um mit meinen Freundinnen zu reden, denn ich kannte gar keine Jungs.) Und: »Denk dran, niemals deine schmutzigen Binden, wenn du sie in Zeitungspapier gewickelt hast, auf dem Fußboden im Bad herumliegen zu lassen, wo dein Vater sie sehen muss; nicht dass es etwas ist, für das du dich schämen musst, aber trotzdem, denk dran …«

Zusammen mit den vielen Ermahnungen kam noch etwas von meiner Mutter, was ich nicht genau zu deuten wusste. Ihr im Hintergrund lauerndes amüsiert-verärgertes, stirnrunzelndes Halblächeln ließ mich – all ihrem Gezeter zum Trotz – spüren, dass etwas sehr Gutes und Zufriedenstellendes und Erfreuliches geschehen war und dass wir beide aus irgendeinem sehr weisen und geheimen Grund so taten, als wäre das Gegenteil der Fall. Wenn ich mich nur richtig verhielt, würde ich später, als Belohnung, diesen Grund verstehen. Ganz zum Schluss hielt meine Mutter mir hastig die Kotex-Packung mit Binden hin (ich hatte sie eben in der neutralen Verpackung und zusammen mit dem zugehörigen Gürtel aus der Drogerie geholt) und sagte:

»Aber guck mal, wie spät es schon ist. Was sollen wir heute Abend nur essen?« Sie wartete. Ich verstand nicht gleich, doch dann nahm ich schnell das Stichwort auf. Ich hatte morgens schon geschnetzeltes Rindfleisch im Kühlschrank gesehen.

»Mommy, bitte lass uns Souse essen – ich kann den Knoblauch mahlen.« Ich ließ die Packung auf einen Küchenstuhl fallen und begann, mir voll Vorfreude die Hände zu waschen.

»Aber räum erst mal deine Geschichten weg. Ich hab dir doch gesagt, du sollst sie nicht rumliegen lassen.« Sie trocknete sich die Hände ab, die sie in der Waschwanne gehabt hatte, und reichte mir erneut die Packung mit Binden.

»Ich muss noch mal los, ich hab im Laden vergessen, Tee zu kaufen. Sieh zu, dass du das Fleisch gut einreibst.«

Als ich wieder in die Küche kam, war meine Mutter weg. Ich ging zum Küchenschrank, um Mörser und Stößel herauszuholen. Mein Körper fühlte sich neu und besonders und ungewohnt und verdächtig zugleich an.

Ich spürte Spannungen, die meinen Leib durchzogen wie Winde, die über das Antlitz des Mondes fegten. Ich spürte das leichte Reiben der dicken Wattebinde zwischen meinen Beinen, und ich roch den zarten Geruch von Brotfrucht, der mir vorne aus der bedruckten Bluse in die Nase stieg, meinen eigenen Frauengeruch, warm, verschämt, aber insgeheim ganz und gar köstlich.

Jahre später, als ich erwachsen war, hatte ich immer, wenn ich mich an den Geruch von damals erinnerte, einen Tagtraum von meiner Mutter: wie sie, nachdem sie die vom Abwasch nassen Hände abgetrocknet, die Schürze losgebunden und ordentlich weggelegt hat, zu mir herunterschaut, wie ich auf der Couch liege, und wie wir dann langsam, gründlich unsere geheimsten Stellen berühren und streicheln.

Ich nahm den Mörser aus dem Schrank und zerdrückte

die Knoblauchzehen mit der Unterkante, um schnell die dünnen, papiernen Schalen zu lockern. Ich schnitt die Zehen in Scheiben und warf sie in die Mörserschale, zusammen mit etwas schwarzem Pfeffer und Sellerieblättern. Das weiße Salz rieselte hinein und deckte den Knoblauch, den schwarzen Pfeffer und die blassgrünen Selleriewedel zu wie ein Schneeschauer. Ich warf die Zwiebel und ein paar Paprikastückchen dazu und griff nach dem Stößel.

Er glitt mir durch die Finger und polterte zu Boden, wo er in einem Halbkreis hin und her rollte, bis ich mich bückte, um ihn wieder aufzuheben. Ich ergriff den hölzernen Kopf des Stößels und richtete mich auf, mit leisem Ohrensausen. Ohne ihn erst abzuwischen, tauchte ich den Stößel in die Schüssel, spürte, wie die Salzdecke nachgab und er auf die zerbrochenen Knoblauchzehen stieß. Bei der Berührung verlangsamte sich die Abwärtsbewegung, der Stößel kreiste langsam hin und her, änderte dann sanft seinen Rhythmus und fügte seinem Takt ein Auf und Ab hinzu. Hin und her, rundherum, auf und ab, hin und her, rundherum, auf und ab … Da war eine schwere Fülle in meiner Mitte, die aufregend und gefährlich war.

Während ich die Gewürze auf diese Weise zerstampfte, schien ein lebendiges Band zwischen den Muskeln meiner Finger, die sich um den glatten, entschlossen nach unten drängenden Stößel schmiegten, und dem flüssigen Kern meines Körpers zu entstehen, von dem eine neue, reife Fülle tief unter meiner Magengrube ausging. Das unsichtbare Band, gespannt und so empfindlich wie eine entblößte Klitoris, dehnte sich durch meine gekrümmten Finger und meinen runden, braunen Arm bis hinauf in die feuchte

Wirklichkeit meiner Achselhöhlen, deren warmer scharfer Geruch mit einer neuen fremden Note sich mit den satten Knoblauchdüften aus dem Mörser und den anderen schweißgeladenen Aromen des Hochsommers mischte.

Das Band zog sich kribbelnd und singend über meine Rippen und durch meine Wirbelsäule bis hinunter in ein Becken zwischen meinen Hüften, die sich nun gegen die niedrige Küchenarbeitsplatte pressten, an der ich stand und Gewürze zerstieß. Und in diesem Becken wogte ein wallendes Meer aus Blut, das für mich nun zum ersten Mal real wurde und zur Quelle von Kraft und Erkenntnis.

Die Erschütterungen des auf das Bett aus Gewürzen einstoßenden samtig gesäumten Stößels wanderten unsichtbar an dem Band entlang bis in meine Mitte hinein, und die Heftigkeit der Stöße war zunehmend weniger auszuhalten. Das Gezeitenbecken zwischen meinen Hüften erbebte bei jedem neuen Stoß, und sie alle erschienen mir jetzt wie Schläge. Meine Abwärtsstöße wurden unwillkürlich sanfter und sanfter, bis die samtige Oberfläche des Stößels die sich verflüssigende Masse am Boden des Mörsers beinahe zu liebkosen schien.

Der ganze Rhythmus meiner Bewegungen wurde sanfter und langsamer, bis ich wie im Traum dastand, eine Hand fest um den geschnitzten Mörser geschmiegt und ihn an meine Körpermitte drückend, während die andere Hand den Stößel mit schwingenden, kreisenden Bewegungen in die feuchter werdende Gewürzmischung presste, um sie geschmeidig zu machen.

Ich summte bei der Arbeit in der warmen Küche tonlos vor mich hin und dachte voll Erleichterung daran, wie einfach mein Leben sein würde, nun, da ich zur Frau geworden war. Der Katalog an düsteren Menstruationswarnungen meiner Mutter verschwand aus meinem Kopf. Mein Körper fühlte sich stark und voll und offen an und dennoch gefangen von den sanften Bewegungen des Stößels und den üppigen Gerüchen in der Küche und der Fülle der Sommerhitze.

Ich hörte den Schlüssel meiner Mutter im Schloss.

Wie ein Schiff mit vollen Segeln fegte sie in die Küche. Sie hatte winzige Schweißperlen auf der Oberlippe und senkrechte Furchen zwischen den Brauen.

»Ist das Fleisch etwa noch nicht fertig?« Meine Mutter ließ ihr Teepäckchen auf den Tisch fallen, blickte mir über die Schulter und saugte mit müder Entrüstung laut Luft durch die Zähne ein. »Was hast du dazu zu sagen, hm? Hast du den ganzen Abend Zeit, hier zu stehen und mit dem Essen zu spielen? Ich lauf den ganzen Weg zum Laden und zurück, und du kannst in der Zeit nicht mal ein paar Knoblauchzehen pressen und das Fleisch würzen? Dabei weißt du es doch eigentlich besser! Warum musst du mich so quälen?«

Sie nahm mir Mörser und Stößel aus den Händen und begann, energisch zu mahlen. Unten in der Schüssel lagen noch kleine Knoblauchstücke.

»So wird's gemacht, so!« Sie stieß den Stößel mit Macht in den Mörser und zerdrückte das letzte bisschen Knoblauch. Ich hörte den dumpfen Schlag von Holz auf Holz und spürte den harten Aufprall im ganzen Körper, als zerbräche etwas in meinem Innern. Bumm, bumm bewegte sich der Stößel zielstrebig in der altvertrauten Art auf und ab.

»Aber es wurde doch schon, Mutter«, wagte ich, mich zu wehren, als ich mich zum Kühlschrank umdrehte. »Ich hol das Fleisch.« Ich war selbst von meiner Unverfrorenheit überrascht.

Doch irgendetwas in meiner Stimme unterbrach die betriebsamen Bewegungen meiner Mutter. Sie ignorierte den impliziten Widerspruch, der an sich schon ein Akt der Rebellion und in unserem Haus streng verboten war. Die Stößelhiebe verstummten.

»Was ist los mit dir, hm? Bist du krank? Willst du ins Bett gehen?«

»Nein, mir geht's gut, Mutter.«

Aber ich spürte ihre kräftigen Finger am Oberarm, die mich umdrehten, dann ihre andere Hand unter meinem Kinn, um mir ins Gesicht zu sehen. Ihre Stimme wurde weicher.

»Bist du wegen deiner Periode heute so träge?« Sie gab meinem Kinn einen kleinen Stups, als ich ihr in die grauen Augen mit den schweren Lidern sah, die nun fast sanft wurden. Die Küche war plötzlich drückend heiß und still, und ich spürte, wie ich am ganzen Körper zu zittern begann.

Tränen, die ich nicht verstand, schossen mir in die Augen, als mir aufging, dass meine alte Freude an der knochenrüttelnden Art, in der ich gelernt hatte, Gewürze zu zerstampfen, sich für mich von nun an anders anfühlen würde; und zugleich, dass es in der Küche meiner Mutter für alles immer nur eine richtige Art gab. Vielleicht war mein Leben doch nicht so einfach geworden.

Meine Mutter legte mir ihren schweren Arm um die Schultern. Ich roch die ihr eigene Wärme, wie sie zwischen

Arm und Körper aufstieg, vermengt mit dem Geruch von Glyzerin und Rosenwasser und dem Duft ihres dicken Haarknotens.

»Ich mache das Abendessen fertig.« Sie lächelte mich an, und in ihrer Stimme lag eine Zärtlichkeit ohne jeden Unmut, die mir willkommen, aber nicht vertraut war.

»Komm jetzt und leg dich auf die Couch, ich bring dir eine heiße Tasse Tee.«

Ihr Arm um meine Schultern war warm und ein bisschen feucht. Ich legte meinen Kopf an ihre Schulter und bemerkte, als sie mich in die kühle, abgedunkelte Stube führte, plötzlich erfreut und überrascht, dass ich fast genauso groß war wie sie.

1959

1.1.1959 Allein leben. Man hat, wenn man mit jemandem zusammenwohnt, genau dieselben Ängste und Beklemmungen, im Prinzip dieselbe Angst vor dem Wahnsinn und sogar davor, nicht geliebt oder gewollt zu werden. Allein zu leben verstärkt das alles einfach nur ein wenig. Vielleicht ist das für den Künstler sogar besser. Das Leben ist sowieso zu kurz, und das Handwerk zu erlernen dauert so lang.

HENRY DAVID THOREAU

Einsamkeit

Es ist ein wunderbarer Abend, an dem der ganze Körper nur *ein* Sinn ist und Wonne einsaugt durch jede Pore. Ich gehe und komme mit einer seltsamen Freiheit in der Natur. Wenn ich in Hemdsärmeln, obgleich es kühl, bewölkt und windig ist, am Teichufer entlanggehe und nichts Besonderes sehe, das die Aufmerksamkeit auf sich lenkt, dann fühle ich mich allen Elementen außergewöhnlich verwandt. Die Ochsenfrösche trompeten den Einzug der Nacht, und der Ruf der Nachtschwalbe wird von dem kräuselnden Wind über das Wasser herübergetragen. Innige Übereinstimmung mit dem zitternden Erlen- und Pappelblatt nimmt mir fast den Atem weg; und doch ist meine klare Heiterkeit wie die des Sees nur gekräuselt, nicht getrübt. Diese kleinen, vom Abendwind erregten Wellchen sind so weit vom Sturm entfernt wie die glatte, spiegelnde Wasserfläche. Es ist jetzt dunkel, aber noch immer weht und rauscht der Wind durch den Wald, die Wellen plätschern, und ein Geschöpf singt das andere zur Ruhe. Die Ruhe ist nie vollkommen. Das Wild ruht jetzt nicht, sondern geht auf Beute aus; der Fuchs, der Skunk und das Kaninchen durchstreifen furchtlos die Wälder und Felder. Das sind die Nachtwächter der Natur – Glieder, welche die Tage des wachen Lebens miteinander verbinden.

Beim Nachhausekommen sehe ich, daß Besucher dagewesen sind und ihre Karten zurückgelassen haben – einen Strauß Blumen, eine Ranke Immergrün oder einen mit Bleistift auf ein Nußblatt oder einen Span geschriebenen Namen. Wer selten in den Wald kommt, nimmt gern ein Stückchen Wald in die Hand, um auf dem Weg damit zu spielen; nachher läßt er es dann absichtlich oder zufällig zurück. Jemand hat ein Weidenzweiglein abgeschält, es zu einem Ring geflochten und auf meinem Tische liegenlassen. Ich konnte immer sehen – sei es an umgebogenen Halmen und Zweigen oder der Fußspur –, ob Besucher hiergewesen waren, meistens auch erkennen, von welchem Geschlecht, Alter und Charakter sie waren, an irgendeiner leichten zurückgebliebenen Spur: einer verlorenen Blume, einem abgerissenen Büschel Gras, das wieder weggeworfen wurde (selbst bis zur Eisenbahn, die eine halbe Meile weit entfernt ist, fand ich solche Spuren), oder durch den noch in der Luft schwebenden Duft einer Zigarre oder Pfeife. Ja, wenn ein Reisender auf der Landstraße, etwa dreihundert Schritt weit weg, vorüberkam, so erfuhr ich dies durch den Tabaksgeruch seiner Pfeife.

Wir haben gewöhnlich Raum genug um uns herum. Unser Horizont ist nie dicht an unserm Ellbogen. Der dichte Wald ist nicht direkt vor unserer Tür, auch nicht der Teich, sondern ein kleines Stück Land ist immer für uns frei, ein von uns gebrauchtes, uns vertrautes, irgendwie uns zugeeignetes, eingezäuntes, von der Natur zurückgefordertes. Wozu habe ich diesen weiten Spielraum, diese einige Quadratmeilen einsamen Waldes, der mir zu meinem Privatgebrauch von den Menschen überlassen ist? Mein nächster

Nachbar ist eine Meile weit weg und kein Haus, außer von den Hügelspitzen aus, innerhalb einer halben Meile von dem meinigen zu sehen. Meinen waldbegrenzten Horizont habe ich für mich ganz allein. Auf der einen Seite erblickt man in der Ferne die Bahnlinie, wo sie den Teich berührt, auf der anderen den Zaun, der am Waldweg hinläuft. Sonst aber ist es so einsam hier, wo ich lebe, wie auf der Prärie. Es ist hier ebensogut Asien oder Afrika wie Neuengland. Ich habe eigentlich meine eigene Sonne, Mond und Sterne und eine kleine Welt für mich allein. Ich hätte der erste oder der letzte Mensch sein können. Nie kam nachts ein Wanderer an meinem Haus vorbei und klopfte an meiner Tür. Nur im Frühjahr kamen in langen Zwischenräumen ein paar Leute aus dem Dorf, um im Teich zu fischen; sie fischten offenbar mehr im Waldenteich ihrer eigenen Seele und steckten die Finsternis als Köder an ihre Angeln, zogen sich aber bald wieder, meistens mit leeren Körben, zurück und überließen die Welt »der Finsternis und mir«. So wurde der schwarze Kern der Nacht nie durch menschliche Nähe entweiht. Ich meine, die Menschen fürchten im allgemeinen noch immer ein wenig die Dunkelheit, obgleich die Hexen alle gehenkt und die Kerzen und das Christentum in die Welt eingeführt wurden.

Doch empfand ich manchmal, daß die holdeste und zärtlichste, die unschuldigste und aufmunterndste Gesellschaft in irgendeinem Naturgegenstand gefunden werden kann, selbst von dem menschenfeindlichsten, melancholischsten Menschen. Es kann keine schwarze Trauer geben für den, der inmitten der Natur lebt und seine Sinne noch beisammen hat. Es hat noch keinen Sturm gegeben, der nicht für ein gesundes, unverdorbenes Ohr äolische Musik gewesen wäre. Nichts kann berechtigterweise einen einfachen, tüchtigen Menschen zu gemeiner Traurigkeit zwingen. Während ich mich der Freundschaft der Jahreszeiten erfreue, bin ich überzeugt, daß das Leben mir nicht zur Last werden kann. Der leichte Regen, der meine Bohnen netzt und mich heute im Haus zurückhält, ist nicht langweilig und melancholisch, sondern ebenfalls gut für mich. Wenn er mich schon abhielt, die Bohnen zu hacken, so ist er für sie viel mehr wert als mein Hacken. Wenn er so lange anhält, daß die Saat im Boden fault und die Kartoffeln im niedern Land verderben, so ist er immer noch gut für das Gras im Hochland, und da er für das Gras gut ist, so ist er auch gut für mich. Wenn ich mich manchmal mit andern Menschen vergleiche, so habe ich das Gefühl, als wäre ich mehr von den Göttern begünstigt als sie, weit über jedes Verdienst hinaus, dessen ich mir bewußt bin – als ob ich Garantieschein und Sicherheit von ihrer Hand besäße und ganz besonders geführt und behütet würde. Ich schmeichle mir nicht selbst, aber wenn es möglich ist, so schmeicheln sie mir. Ich habe mich nie einsam oder im geringsten durch das Gefühl der Einsamkeit bedrückt gefühlt, nur einmal, ein paar Wochen nachdem ich in den Wald gezogen war, war ich im Zweifel, ob nicht die Nähe eines Mitmenschen zu einem heitern, gesunden Leben notwendig sei. Da war mir das Alleinsein etwas Unangenehmes. Doch war ich mir zu gleicher Zeit einer leichten Störung meines seelischen Gleichgewichts bewußt und schien meine Genesung vorauszufühlen. Als mich während eines feinen Regens diese Gedanken noch beherrschten, kam auf einmal das Gefühl einer so süßen, wohltuenden

Geselligkeit in der Natur über mich: im Rauschen des Regens, in jedem Laut und Blick um mein Haus herum. Diese unendliche, unerklärliche Freundschaft, die mich plötzlich gleich einer Atmosphäre umfing, ließ mir die eingebildeten Vorteile der menschlichen Nähe unbedeutend erscheinen, so daß ich seither niemals wieder daran dachte. Jede kleine Tannennadel dehnte sich aus und schwoll von Sympathie, wurde mir zum Freunde. Ich gewahrte so deutlich das Vorhandensein von etwas mir Verwandtem, selbst in einer Szenerie, die wir gewöhnlich wild und traurig nennen, und es wurde mir so klar, daß das mir am nächsten Blutsverwandte und Menschliche nicht eine Person sei, daß ich dachte, kein Ort könne mir je wieder fremd erscheinen.

Zu früh verzehrt die Traurigen die Trauer;
Gezählt sind ihre Tage in der Lebend'gen Land,
Du schöne Tochter Toscars.

Einige meiner schönsten Stunden erlebte ich während des andauernden Regens im Frühling oder Herbst, durch welchen ich, von seinem Plätschern und Rauschen umschmeichelt, sowohl nachmittags wie vormittags ans Haus gebunden war, wenn die früh hereinbrechende Dämmerung einem langen Abend Platz machte, an dem viele Gedanken Zeit hatten, Wurzel zu fassen und sich zu entfalten. Während jener aus Nordost kommenden stürmischen Regengüsse, welche die Dorfhäuser so bedrängten, daß die Mägde mit Wischlumpen und Eimer am Eingang bereitstehen mußten, um die Sintflut nicht hereinzulassen, saß ich hinter der Tür in meinem kleinen Haus, das nichts als Eingang war, und erfreute mich seines Schutzes von Herzen. Bei einem schweren Gewitter schlug einmal der Blitz in eine hohe Pechtanne jenseits des Teiches, indem er eine weithin sichtbare und vollkommen regelmäßige, einen Zoll tiefe und vier bis fünf Zoll breite, spiralartig gewundene Rinne vom Wipfel bis zur Wurzel aushöhlte, wie man allenfalls einen Spazierstock auskerbt. Kürzlich kam ich wieder daran vorbei und fühlte einen ehrfurchtsvollen Schauder, als ich hinaufblickte und deutlicher als je dies Zeichen sah, das ein aus harmlosem Himmel herniederfahrender furchtbarer Donnerkeil, dem nichts zu widerstehen vermochte, vor acht Jahren hier eingegraben hatte. Die Leute sagen oft zu mir: »Sie müssen sich doch einsam hier fühlen und besonders an Regen- und Schneetagen und in der Nacht wünschen, näher bei Menschen zu sein.« Solchen fühle ich mich versucht zu antworten:

»Diese ganze Erde, die wir bewohnen, ist nur ein Punkt im Raume. Wie weit auseinander, glaubt ihr, wohnen die zwei entferntesten Bewohner jenes Sternes, dessen Scheibendurchmesser von unsern Instrumenten nicht mehr bemessen werden kann? Warum sollte ich mich einsam fühlen? Ist unser Planet nicht in der Milchstraße? Die Frage, die ihr stellt, scheint mir nicht die wichtigste. Was ist das für ein Raum, der den Menschen von seinem Mitmenschen trennt und einsam macht? Ich fand, daß keine Anstrengung der Füße zwei Seelen einander näherbrachte. In wessen Nähe möchten wir am liebsten wohnen? Sicherlich nicht in der vieler Menschen, des Bahnhofs, des Postbüros, des Gasthofs, des Rathauses, der Schule, des Krämerladens, nicht bei Beacon-Hill oder Five Points, wo die meisten Menschen zusammenkommen! Sondern es zieht uns zu dem ewigen Quell, aus dem unser Leben entsprungen ist, wovon wir bei jeder Erfahrung aufs neue überzeugt werden. So steht die Weide bei dem Wasser, und dorthin sendet sie ihre Wurzeln. Verschiedene Naturen werden verschieden wählen, ein Weiser aber wird hier an diesem Orte seinen Keller graben ...«

Eines Abends überholte ich einen meiner Landsleute, der das, was man ›ein schönes Besitztum‹ nennt, zusammengebracht hatte – ich habe es übrigens niemals deutlich gesehen –, auf der Waldenstraße, als er ein paar Rinder zu Markte trieb. Er fragte mich, wie ich es übers Herz bringen könne, so vielen Annehmlichkeiten des Lebens zu entsagen. Ich antwortete ihm, es sage mir recht gut zu, ich spaße durchaus nicht. Damit ging ich heim in mein Bett und ließ ihn durch Dunkelheit und Kot seinen Weg nach Brighton suchen, welchen Ort er vielleicht am Morgen erreichen konnte.

Die Aussicht, aufzuwachen oder wieder lebendig zu werden, macht einem Toten alle Zeiten und Orte gleichgültig. Der Ort, an dem dies geschieht, ist immer derselbe und all unsern Sinnen unbeschreiblich angenehm. Meistens räumen wir nur äußeren, vorübergehenden Ereignissen Einfluß auf unsere Lebensführung ein. Sie sind tatsächlich die Ursache unserer Ablenkung. Am nächsten bei allen Dingen steht die Macht, der sie ihr Sein verdanken. In unserer nächsten Nähe werden beständig die großartigsten Gesetze zur Anwendung gebracht. In unserer nächsten Nähe befindet sich nicht der Arbeiter, den wir dingen und mit dem wir uns so gerne unterhalten, sondern der Arbeiter, dessen Werk wir sind.

»Wie weit und tief ist der Einfluß der Kräfte des Himmels und der Erde!«

»Wir suchen sie zu erblicken und sehen sie nicht; wir suchen sie zu vernehmen und hören sie nicht; eins mit der Substanz der Dinge, können sie nicht von ihnen getrennt werden.«

»Sie sind es, welche die Menschen in der ganzen Welt veranlassen, ihre Herzen zu reinigen und zu heiligen und sich in festliche Gewänder zu hüllen, um zu opfern und ihren Vorfahren Opfergaben darzubringen. Sie sind ein Ozean der feinsten Mitteilungen. Sie sind überall, zu unseren Häupten, zur Rechten, zur Linken; von allen Seiten umringen sie uns.«

Wir sind die Gegenstände einer Bekehrung, welche mir nicht wenig interessant ist. Können wir nicht unter diesen Umständen kurze Zeit auf die Gesellschaft unserer Vettern und Basen verzichten, es uns mit unsern eigenen Gedanken gemütlich machen? Konfuzius spricht wahr, wenn er sagt: »Die Tugend bleibt nicht wie eine verlassene Waise; sie muß notwendigerweise Nachbarn haben.«

Das Denken kann uns bei gesunden Sinnen außerhalb unser eigenes Selbst versetzen. Durch eine bewußte Anstrengung des Geistes können wir abseits stehen von Handlungen und ihren Folgen; alles, das Gute und das Böse, rauscht gleich einem Strom an uns vorüber. Wir sind nicht ganz in die Natur verwebt. Ich kann das Treibholz im Flusse sein oder Indra im Himmel, der darauf herunterblickt. Ich kann durch eine Theatervorstellung ergriffen werden; andererseits *brauche* ich nicht ergriffen zu werden durch ein Ereignis, das mich scheinbar viel näher angeht. Ich kenne mich nur als menschliches Wesen, als den Tummelplatz, sozusagen, von Gedanken und Gefühlen, und bin mir einer gewissen Doppelexistenz bewußt, die mir gestattet, mir selbst so ferne zu stehen wie einem andern Menschen. Wie tiefgehend auch mein Erleben ist, so fühle ich die Gegenwart und Kritik eines Teiles von mir, der eigentlich kein Teil von mir, sondern Zuschauer ist, nicht teil an den Erlebnissen, aber Notiz davon nimmt; dieser Teil gehört ebensowenig mir wie dir. Wenn das Stück, vielleicht die Tragödie, aus ist, geht der Zuschauer seines Weges. Es war nur eine Dichtung, ein Werk der Einbildung, soweit es ihn anging. Diese Doppelnatur kann uns wohl manchmal zu erbärmlichen Nachbarn und Freunden machen.

Ich finde es gesund, die meiste Zeit allein zu sein. Gesellschaft, selbst mit den Besten, wirkt bald ermüdend und zerstreuend. Ich bin unendlich gerne allein. Noch nie fand ich den Gesellschafter, der so gesellig war wie die Einsamkeit. Wir sind meistens einsamer, wenn wir hinausgehen unter die Menschen, als wenn wir in unserm Zimmer bleiben. Der denkende und arbeitende Mensch ist immer allein, sei er, wo er wolle. Die Einsamkeit wird nicht nach den Meilen der Strecke gemessen, die zwischen uns und unsern Mitmenschen liegen. Wer in einem der dichtbevölkerten Bienenstöcke von Cambridge wirklich eifrig studiert, ist so einsam wie der Derwisch in der Wüste. Der Landmann kann den ganzen Tag in Feld und Wald hackend und grabend beschäftigt sein, ohne sich einsam zu fühlen, weil er beschäftigt ist; wenn er aber abends heimkommt, mag er nicht allein, seinen Gedanken überlassen in seiner Stube sitzen; er muß dahin, wo er ›Leute sieht‹, sich erholt und sich, nach seiner Ansicht, für die Einsamkeit des Tages entschädigt. Dann wundert er sich, wie der Studierende die ganze

Nacht und fast den ganzen Tag ohne Langeweile und ohne seine Parteigenossen zu Hause sitzen mag, denn er kann sich nicht klarmachen, daß jener, obgleich im Hause, noch bei der Arbeit auf *seinem* Felde ist und in *seinem* Walde Holz hackt wie der Landmann auf dem seinen und zur Abwechslung die gleiche Erholung und Gesellschaft aufsucht wie letzterer, wenn auch vielleicht in konzentrierterer Gestalt.

Gesellschaft ist gewöhnlich zu billig zu haben. Wir treffen uns nach zu kurzen Zwischenräumen, als daß wir Zeit genug gehabt hätten, neuen Wert füreinander zu erlangen. Wir kommen dreimal täglich bei den Mahlzeiten zusammen und lassen den andern immer wieder von dem schimmligen alten Käse kosten, der wir sind. Wir mußten übereinkommen, eine Reihe gewisser Regeln zu beobachten, die wir Etikette und Höflichkeit nennen, um diese häufigen Zusammenkünfte erträglich zu machen und nicht zu offenem Krieg zu kommen. Wir treffen einander auf der Post, bei ›gesellschaftlichen Anlässen‹ und am Kamin jeden Abend; wir wohnen dicht zusammengepfercht, sind einander im Weg, stolpern übereinander und verlieren, meine ich, einigermaßen den Respekt voreinander. Gewiß würde weniger große Häufigkeit für jeden bedeutenden und herzlichen Verkehr genügen. Man denke an die Mädchen in einer Fabrik; nie sind sie allein, kaum in ihren Träumen. Es wäre besser, es gäbe auf der Welt immer nur einen Einwohner per Quadratmeile, wie dort, wo ich lebe! Der Wert eines Menschen steckt nicht in seiner Haut, so daß wir ihn anrühren müßten.

Ich hörte einmal von einem Manne, der sich im Walde verirrt hatte und vor Hunger und Erschöpfung unter einem Baume starb, aber seine Einsamkeit wurde durch groteske

Visionen aufgehoben, mit welchen seine durch körperliche Entkräftung erkrankte Einbildungskraft ihn von allen Seiten umgab und die er für Wirklichkeit hielt. Ebenso können wir dank unserer körperlichen und geistigen Kraft und Gesundheit beständig durch ähnliche, aber normalere und natürlichere Gesellschaft erfreut werden und zu der Einsicht gelangen, daß wir nie allein sind.

Ich habe viele Gäste in meinem Hause, besonders morgens, wenn niemand zu Besuch da ist. Ich muß einige Vergleiche heranziehen, damit der eine oder der andere einen Einblick in meine Lage gewinnen kann. Ich bin nicht einsamer als der Taucher auf dem Teich, der so laut lacht, oder als der Waldenteich selbst. Was für Gesellschaft, sagt mir doch, hat dieser einsame See? Und doch beherbergt er nicht die blauen Teufel, sondern die blauen Engel in der azurblauen Tiefe seines Wassers. Die Sonne ist allein, außer bei dicker Luft, wo manchmal zwei erscheinen, aber die eine davon ist nur Imitation. Gott ist allein – aber der Teufel ist weit entfernt vom Alleinsein; der hat Gesellschaft genug; er ist Legion. Ich bin nicht einsamer als ein einzelnes Wollkräutchen oder eine Löwenzahnblüte auf der Weide, eine Pferdefliege oder eine bescheidene Biene. Ich bin nicht einsamer als der Wetterhahn, der Nordstern, der Südwind, ein Aprilschauer, Januartauwetter oder die erste Spinne in einem neuen Haus.

An langen Winterabenden, wenn dick der Schnee fällt und der Wind im Walde heult, erhalte ich gelegentlich Besuch von einem alten Ansiedler, dem ursprünglichen Besitzer, der den Waldenteich gegraben, mit Steinen ausgepflastert und mit Fichtenwäldern umgeben haben soll. Er erzählt mir Geschichten aus der alten Zeit und der neuen Ewigkeit; und es gelingt uns beiden prächtig, einen gemütlichen Abend zu verbringen, der auch ohne Äpfel oder Apfelwein an geselligen Vergnügungen und heiteren Lebensanschauungen reich ist – ein ungemein vernünftiger, humoristischer Freund, den ich sehr liebe, der sein Geheimnis aber besser wahrt als selbst Goffe oder Whalley; obgleich man ihn für tot hält, kann doch niemand zeigen, wo er begraben liegt. Eine ältere Dame, die aber für die meisten unsichtbar ist, wohnt ferner in meiner Nachbarschaft, in deren würzig duftendem Kräutergärtlein ich manchmal gar gerne herumwandle. Dort sammle ich Hausmittel und lausche ihren Märchenerzählungen, denn darin besitzt sie eine unvergleichliche Gewandtheit und Fruchtbarkeit. Ihr Gedächtnis reicht weiter zurück als die Mythologie; sie kann mir den Ursprung jeder Sage erzählen und auf welcher Tatsache sie begründet ist, denn diese Ereignisse fielen in ihre Jugendzeit. Eine frisch aussehende, lustige Dame, die an jedem Wetter und jeder Jahreszeit ihre Freude hat und wohl alle ihre Kinder überleben wird.

Die unbeschreibliche Unschuld und Güte der Natur – Sonne, Wind und Regen, Sommer und Winter – gewähren auf immerdar solche Gesundheit, solche Heiterkeit und haben so große Sympathie für unser Geschlecht, daß die ganze Natur verwirrt würde, der Glanz der Sonne erbleichen müßte, die Winde gleich Menschen seufzen, die Wolken Tränen regnen und die Wälder zur Sommersonnenwende ihre Blätter zur Erde sinken lassen und Trauer anlegen müßten, wenn je ein Mensch gerechte Ursache hätte, sich dem Kummer hinzugeben. Soll ich nicht im Einvernehmen mit der Erde stehen? Bin ich nicht selbst zum Teil Blätter und Pflanzenerde?

Was ist das für ein Heilmittel, das uns wohl, heiter und zufrieden erhält? Nicht das von deinem und meinem Urgroßvater, sondern das unserer Urgroßmutter: der *Natur* allheilende Kräuter- und Pflanzenarzneien, mit denen sie sich selbst immer jung erhielt, mit Hilfe derer sie seinerzeit so manchen alten Parr überlebte und aus dessen verfallendem Gebein sie ihre Gesundheit sog. Mein Universalheilmittel sei – statt einer Quacksalberflasche voll aus Acheron und dem Toten Meere geschöpfter Mixtur, die aus jenen langen, trauerschiffartigen Wagen kommen, welche wir manchmal zum Flaschentransport verwendet sehen – ein Trunk unverdünnter Morgenluft. Morgenluft! Wenn die Menschen nicht davon trinken wollen am Urquell des Tages, so müssen wir auch sie auf Flaschen ziehen und im Laden verkaufen, zum Besten derjenigen, welche ihre Abonnementskarte für Morgenluft in dieser Welt verloren haben. Aber bedenkt: Sie hält sich selbst im kühlsten Keller nicht bis zum Mittag, sondern treibt den Pfropfen heraus und folgt nach Westen den Spuren der Aurora. Ich bin kein Anbeter der Hygieia, der Tochter jenes alten Kräuterdoktors Äskulap, welcher auf Denkmälern abgebildet ist: die Schlange in einer Hand und einen Becher, aus dem die Schlange von Zeit zu Zeit trinkt, in der andern Hand haltend. Vielmehr verehre ich Hebe, welche Jupiter den Becher kredenzte, die Tochter der Juno und des wilden Lattich; sie besaß die Macht, Göttern und Menschen ihre Jugendkraft zurückzugeben. Sie war wahrscheinlich die einzige vollkommen richtig beschaffene, gesunde und kräftige junge Dame, die je auf Erden wandelte. Wohin sie kam, da wurde es Frühling.

ZADIE SMITH

Freude

Es könnte ganz nützlich sein, eine Unterscheidung zwischen Vergnügen und Freude zu treffen. Vielleicht fällt das allen anderen auch ganz leicht, und ich bin die Einzige, die diesbezüglich verwirrt ist. Viele scheinen ja der Ansicht zu sein, Freude sei nur die intensivste Ausprägung von Vergnügen, zu der man auf demselben Weg gelangt – man muss einfach nur noch ein Stück weiter gehen. Meiner Erfahrung entspricht das nicht. Und wenn Sie mich jetzt fragen würden, ob ich mir mehr Freude im Leben wünsche, dann wäre ich mir da gar nicht so sicher, gerade weil es so schwierig ist, mit diesem Gefühl umzugehen. Für mich ist es alles andere als offensichtlich, wie wir es anstellen sollten, die Freude mit dem Rest unseres Alltags zu vereinbaren.

Vielleicht sollte ich als Erstes sagen, dass ich jeden Tag mindestens ein kleines Vergnügen empfinde. Ob das wohl mehr ist als üblich? Das war schon in meiner Kindheit so, wo ja die meisten Menschen unglücklich sind. Und es liegt sicher nicht daran, dass mir so viele großartige Dinge passiert wären, sondern vielmehr daran, dass kleine Dinge bei mir eine große Wirkung haben. Beispielsweise scheint mir, dass mir Essen überdurchschnittlich viel Zufriedenheit bringen kann – jedes beliebige Essen. Schon ein Eiersandwich von einem der schmuddeligen Imbissstände am Washington Square hat die Macht, mir allen Ernstes den Tag zu retten. Was immer mir essenstechnisch vorgesetzt wird, bekommt in aller Regel die Höchstwertung.

Man sollte meinen, dass die Leute sich deswegen darum reißen würden, mich zu bekochen oder mit mir zu essen – stattdessen bekomme ich zu hören, das sei langweilig. Wo nicht differenziert wird, da kann auch kein Bewusstsein für echtes Können sein oder Dankbarkeit für besonderen Aufwand. »Sag jetzt bloß nicht, das war lecker«, warnt mich mein Mann. »Du findest alles lecker.« »Aber es *war* lecker.« Das macht ihn wahnsinnig. Auf ein Eis am Stiel kann ich mich den ganzen Tag freuen. Die ständigen Sorgen, die mein Leben sonst erfüllen, beruhigen sich, sobald ich einen guten Geschmack im Mund habe. Und auch wenn die Sorgen natürlich umgehend zurückkommen, sobald der Geschmack verschwunden ist, haben wir in unserem Leben doch keinen solchen Überfluss an zuverlässigen Quellen des Vergnügens, dass wir über eine, die vor allem hier in den USA so leicht zu haben ist, die Nase rümpfen sollten. Ein Ananaseis. Für die acht Minuten, die es dauert, ein Ananaseis zu essen, ist selbst die gewaltige Sorge des Schreibens gestillt.

Meine zweite Quelle täglichen Vergnügens sind – auch wenn ich wünschte, ich könnte das irgendwie anders formulieren – »die Gesichter anderer Leute«. Ein kleines rothaariges Mädchen, mit einer wunderbar großen Nase, die es selbst vermutlich hasst, grünen Augen und diesem sonnenscheuen Teint, der mehr aus Sommersprossen zu bestehen scheint als aus Haut. Oder ein untersetzter erwachsener Mann, der im Regen eine Zigarette raucht, sein durchweichter Schnurrbart und dazu eine Überraschung: die lebhaften Augen, die Stupsnase und der Engelsmund seines acht-jährigen Ichs. Wenn ich abends aus der Bibliothek komme, gehe ich oft ein bisschen schneller nach Hause, um meinem Mann von dem knochigen Jungen mit den Katzenaugen zu erzählen, in Skinny-Jeans und Plateauschuhen, einem ganz normalen grauen Sweatshirt, der verlaufenen Schminke von gestern und einer seidigen Pocahontas-Perücke, die ein bisschen schief auf seiner Afrokrause saß. So stolzierte er mit fliegenden Zöpfen die Straße entlang und nutzte den gesamten Broadway als seinen ganz persönlichen Laufsteg. »So eine Art Diva für Arme.« Das füge ich zum besseren Verständnis an, doch mein Mann nickt nur leicht ungedul-dig: Die Ergänzung war gar nicht nötig. Er ist genauso gut im Gaffen wie ich.

Normalerweise sollte man die Ratschläge aus Frauen-zeitschriften ja tunlichst meiden, doch an der alten Kamelle mit den »gemeinsamen Interessen« ist durchaus etwas dran. Das hilft tatsächlich. Ich lasse mir gern von der Chinesin mit dem dicken medizinischen Fachbuch unter dem Arm erzählen, die er auf dem Flur gesehen hat und die so schön war, dass sie aussah wie eine Buchillustration. Oder von dem großen Kenianer aus dem Fahrstuhl, dessen langglied-rige Eleganz jeden anderen Körper in seinem Dunstkreis zum mickrigen, knorrigen Troll verkommen ließ. Meistens habe ich diese Leute selbst nicht gesehen – mein Mann arbeitet im achten Stock der Bibliothek, ich im fünften –, allein die Beschreibung verschafft mir aber fast so viel Ver-gnügen, als wären sie mir begegnet. Noch vergnüglicher wird es, wenn wir den Gang, die Gestik, die Stimmen dieser Fremden nachahmen oder uns ganze Gespräche nacherzählen – zwischen zwei Leuten aus der Schlange vor dem Geldautomaten, zwischen zwei Studierenden auf einer Bank vor dem Brunnen.

Und dann sind da noch all die vielen Dinge, die der Hund macht und sagt, vermenschlicht bis zum Gehtnichtmehr, versteht sich, und meistens sehr anstößig, Ausdruck einer ganzen Welt von Dingen, die wir nicht sagen oder tun können, weder voreinander noch vor anderen. »Ihr macht den Hund«, sagte unsere Tochter neulich zu unserer Überraschung. Sie ist fast drei, und allmählich verlieren all unsere Privatsprachen ihre Privatheit und erschließen sich ihr. Wir wussten natürlich, dass sie irgendwann ein voll entwickeltes Bewusstsein erreichen würde und dass wir vorher möglichst aufhören sollten zu streiten, zu rauchen, Fleisch zu essen, im Internet zu surfen, uns von den Gesichtern anderer Leute zu erzählen und mit der Stimme des Hundes zu sprechen, doch jetzt, wo es so weit ist, bekommt sie alles mit, und wir stellen fest, dass wir uns nicht ändern können. »Hört auf, den Hund zu machen«, sagte sie, »das ist albern«, und zum ersten Mal in acht Jahren musterten wir unseren Hund und schämten uns.

Gelegentlich ist auch die Tochter ein Vergnügen, meistens ist sie aber eine Freude, was im Grunde heißt, dass sie uns überhaupt kein Vergnügen bereitet, sondern vielmehr das merkwürdige Gemisch aus Angst, Schmerz und Entzücken in uns auslöst, das ich als Freude zu identifizieren gelernt habe und mit dem ich nun irgendwie täglich leben muss. Das ist ein ganz neues Problem. Bis vor Kurzem hatte ich nur fünf-, vielleicht auch sechsmal in meinem Leben Freude empfunden, und jedes Mal habe ich versucht, das gleich wieder zu vergessen, aus Angst, die Erinnerung daran könnte alles andere zersetzen und zerstören.

Sagen wir sechsmal. Dreimal davon war ich verliebt, doch nur einmal war diese Liebe tragfähig beziehungsweise dazu angetan, mir auch auf lange Sicht noch Vergnügen zu bereiten. Zweimal war ich auf Drogen – sehr unterschiedlichen Drogen. Einmal befand ich mich im Wasser, einmal in einem Zug, einmal saß ich auf einer hohen Mauer, einmal war ich auf einem hohen Berg, einmal in einem Club und einmal in einem Krankenhausbett. Es fällt schwer, aus einer so kleinen und vielfältigen Sammlung von Daten etwas Allgemeingültiges abzuleiten. Unsicher bin ich mir mit dem Club, und weil es sich dabei alles in allem um eine Gemeinschaftserfahrung handelt, kann ich die Frage halbwegs getrost zur Diskussion stellen. Ich wende mich dabei vor allem an meine Mit-Britinnen und -Briten. Mit-Britinnen und -Briten! Zumindest diejenigen unter Ihnen, die das Glück hatten, die erste Generation des Amphetamins Ecstasy probiert und trotzdem keine der schädlichen, mitunter sogar tödlichen Nebeneffekte erlebt zu haben, die, wie wir alle wissen, andere erleben mussten – genau an Sie habe ich eine Frage. War das Freude?

Besonders interessiert bin ich an Rückmeldungen von Menschen, die an einem Abend im Jahr 1999 (konkreter geht es leider nicht) im *Fabric* ganz in der Nähe des alten Fleischgroßmarkts in Smithfield waren, als der DJ erst »Can I Kick It?« und dann »Smells Like Teen Spirit« in den Deep-House-Track mixte, den er gefühlt die letzten vier Stunden lang ausschließlich gespielt hatte. Ich kam gerade aus der höhlenhaften Unisex(!)-Toilette und hätte wirklich gern meine Freundin Sarah gefunden, und wenn schon nicht sie, dann meinen Freund Warren, und wenn schon nicht ihn, dann sonst jemanden, der oder die sich einer jungen Frau erbarmen würde, die Ecstasy geschluckt hatte, mit einer baldigen Wirkung rechnete und ansonsten alles und jeden verloren hatte, einschließlich ihrer Handtasche. Ich stolperte zurück ins Getümmel.

Die meisten Männer trugen kein Oberteil, die meisten Frauen, so wie ich, eine komische Sorte Schürze, die damals in war, die Vorderseite des Oberkörpers bedeckte und nur durch ein paar schwächliche, hinten zu hübschen Schleifchen gebundene Schnüre an Ort und Stelle gehalten wurde. Ich zwängte mich durch diese Masse verschwitzter nackter Rücken und fragte mich zunehmend verzweifelt, wo in einem solchen Superclub man wohl ein Nachtlager finden könnte (Auf der Treppe? Vor dem Notausgang?). Aber wo ich auch hinschaute, alles zerplatzte sofort und setzte sich zu einer Reihe fragmentierter Muster neu zusammen, als säße ich mitten in einem Kaleidoskop. Wo wollte ich überhaupt hin? Es gab keine »Bars« oder »Chill-out-Zonen« mehr – nur noch Tanzfläche. Alles war Tanzfläche. Alle tanzten. Ich stand ganz still, von allen Seiten durch Tanzende bedrängt und fest überzeugt, gleich durchzudrehen.

Dann hörte ich auf einmal Q-Tip – den wunderbaren Q-Tip! Keinen Synthesizer, keinen Vocoder, sondern Q-Tip, der mit seiner Menschenstimme zu einem menschengemachten Beat rappte. Mein Schädel öffnete sich, um den Menschen Q-Tip einzulassen, und ein spindeldürrer Mann mit riesigen Augen griff über das Meer von Körpern hinweg nach meiner Hand. Er fragte mich ständig dasselbe, immer und immer wieder: *Fühlst du es?* Das tat ich. Meine absurd hohen Absätze schmerzten wie verrückt, ich hatte Angst zu sterben, und trotzdem war ich überwältigt vom Entzücken darüber, dass genau in diesem konkreten Moment der Weltgeschichte »Can I Kick It?« gespielt wurde und jetzt in »Smells Like Teen Spirit« überging. Ich nahm die Hand des Mannes. Mein Kopf flog weg. Wir tanzten und tanzten. Wir gaben uns der Freude hin.

Jahre später, als ich den Song »Weak Become Heroes« der britischen Band The Streets hörte, fand ich dieses Erlebnis fast bis ins Detail im Text beschrieben, und mir wurde klar, dass, so wie fast alle Kinder in den USA, die es 1969 schon gab, die Mondlandung im Fernsehen gesehen haben, praktisch jeder Brite und jede Britin, die in den Neunzigern zwischen sechzehn und dreißig waren, irgendeine Inkarnation des mageren Ecstasyfreaks kannte, dem ich in jener Nacht im *Fabric* begegnet bin. Die Streets nennen ihn »European Bob«. Ich vermute, er ist ein Archetyp meiner Generation. Die Figur »Super Hans« aus der britischen Comedyserie *Peep Show* ist ein weiteres Beispiel dieses Typs, wobei es vielleicht zutreffender wäre, Super Hans als »altgewordenen« European Bob zu bezeichnen (er ist vierzig). Den Namen meines Ecstasyfreaks weiß ich nicht mehr, aber nennen wir ihn Smiley. Er war einer dieser Fremden, die einem ausschließlich auf der Tanzfläche begegneten, oder vielleicht noch am Strand von Ibiza. Sie hatten meist unerklärliche Spitznamen und, soweit sich das feststellen ließ, kein Zuhause und keine Familie, dafür eine grenzenlose Drogentoleranz und ein allumfassendes

Gefühl von Wohlwollen für alle Männer und Frauen, unabhängig von Hautfarbe, Religion oder jeweiligem Rauschzustand.

Ihre liebenswerteste Eigenschaft war die Großherzigkeit. Für diese eine Nacht tat Smiley alles für dich. Rief ein Taxi, lief auf der Suche nach etwas Essbarem kilometerweit durch die frühmorgendlichen Straßen, hielt dir das Haar aus dem Gesicht, als du dich übergeben musstest, hörte sich an, wie du dich ausführlich über Eltern und Freunde beschwertest, und stimmte allen Beschwerden bereitwillig zu, obwohl ihm sämtliche Beteiligten dieser Dispute gänzlich unbekannt waren. Allen anfänglichen Befürchtungen zum Trotz wollte Smiley auch nicht mit dir schlafen, dich ausrauben oder sonst wie übers Ohr hauen. Es war ihm einfach nur unglaublich wichtig, dass du heute Nacht, hier, mit ihm, eine gute Zeit hast. »Wie fühlst du dich?«, lautete seine ewige Frage. »Fühlst du's schon? Ich fühl's. Fühlst du's schon?« Und dabei war es ihm offenbar fast wichtiger, dass *du* es fühlst, als dass er es selber fühlte.

War das Freude? Vermutlich nicht. Aber es ahmte die Grundvoraussetzungen von Freude doch ziemlich gut nach. Es enthielt, wenn auch in verminderter Form, den großen Kampf, der der Freude in aller Regel vorausgeht, ebenso wie das Gefühl – sobald man erst einmal »in« der Freude ist –, dass das erlebende Subjekt irgendwie in der Empfindung »aufgeht« und verschwindet. Vergnügen »habe« ich, es ist ein Gefühl, das ich erleben und behalten will. Ein Strandurlaub ist ein Vergnügen. Ein neues Kleid ist ein Vergnügen. Doch damals auf dieser Tanzfläche *war* ich die Freude oder zumindest ein kleiner Teil der Freude, zusammen mit all den vielen hundert anderen Menschen, die auch Teil der Freude waren.

Die Smileys dieser Welt müssen den grundlegenden Unterschied auf ihre Weise wohl erkannt haben; das könnte erklären, warum sie so besorgt um die Erfahrung anderer waren. Solange der Rausch anhielt, konnten sie auf irgendeine Weise über ihr eigenes Ego hinauswachsen. Und vielleicht hätte es ja tatsächlich Freude sein können, wenn nicht unweigerlich der nächste Morgen gekommen wäre. Und damit meine ich nicht nur die grauenhaften Kopfschmerzen, den Nebel vor den Augen und die Magenkrämpfe. Wirklich zerstört wurde die Möglichkeit, es könnte sich um Freude gehandelt haben, wenn man anfing, die konkreten Ereignisse der vergangenen Nacht im Kopf noch einmal durchzugehen, und mit der brutalen Erkenntnis konfrontiert wurde, dass jeder dieser erhabenen Augenblicke – jedes Gespräch, das dem Sinn des Lebens so nahe zu kommen schien, jeder Beat, der an ein Meisterwerk grenzte – im Hier und Jetzt, im grellen Licht des Morgens, seinen Gehalt verlor. Der demütigendste Moment kam dann, wenn man sich schließlich doch aus dem Bett ins Wohnzimmer schleppte. Anstelle des menschgewordenen Shakespeare-Narren, Totemtiers oder Schutzgeistes, dem man in der Nacht zuvor begegnet zu sein glaubte, hatte jemand dort auf dem mütterlichen Sofa einen entsetzlich langweiligen, spindeldürren Ecstasyfreak hinterlassen, der bereits den ersten Joint rauchte und sich zwanzig Pfund fürs Taxi leihen wollte.

Trotzdem war das nicht alles Zeitverschwendung. Auf der neuronalen Ebene bekam man durch solche Erfahrun-

gen einen Eindruck davon, wie sich Freude ohne Drogen-
einfluss anfühlen könnte. Man hatte gelernt, die Freude zu
erkennen, als sie dann tatsächlich kam. Ich bin überzeugt,
die Neurowissenschaften könnten uns sehr genau erklären,
woher das ekstatische Gefühl stammt, das man direkt nach
der Niederkunft empfindet oder wenn man mit einem
geliebten Menschen in einem Bergsee in Wales schwimmt.
Vielleicht werden die durch Ecstasy fälschlich befeuerten
Synapsen vom frischen Quellwasser, von bestimmten Epi-
duralanästhesien und Oxytocin ja tatsächlich befeuert. Und
wenn man auf einem hohen Berg in Südfrankreich sitzt und
jemand, der Zugriff auf ein Telefon besitzt, den Hang hi-
naufgerannt kommt, um einem mitzuteilen, dass zwei Jahre
voller Anspannung, mühseligen Lernens und akademischer
Ängste nicht umsonst waren – vielleicht vollführen dieselben Synapsen, oder was das sonst sein mag, dann ja auch
ihre Freudentänze.

Auf jeden Fall brauchen wir keine Neurowissenschaftler
zu sein, um zu wissen, dass heftiges Verliebtsein – vor allem
wenn es noch mit einer gewissen Gefahr einhergeht – etwas
wie Ekstase in unserem Gehirn auslöst, auch wenn, wie bei
den gleichnamigen Pillen, Schrecken und Enttäuschung
selten weit sind. Als ich mit dem heftigen Verliebtsein dran
war, streiften wir so lange durch ein Museum, dass wir gar
nicht merkten, wie es schloss; gefangen auf dem Grund-
stück erklommen wir eine hohe Mauer, nur um festzustellen, dass sie auf der anderen Seite noch höher war. Wir
wogen die Alternativen ab: gebrochene Knöchel oder eine
lange Nacht auf dem Rücken eines steinernen Löwen. Am
Ende half uns ein Passant herunter, es wurde zunehmend

prosaischer, und nach ein paar Monaten war alles verpufft. Was wie Liebe ausgesehen hatte, war nichts als *Teen Spirit* gewesen. Doch wie wunderbar es war, ganz schwindelig vor Freude auf einer hohen Mauer zu sitzen und selbst einen gebrochenen Knöchel nicht zu fürchten!

Die echte Liebe kam viel später. Sie lag am Ende eines langen, steinigen Weges, und bis zur allerletzten Sekunde war ich überzeugt, es würde nie passieren. Als die Liebe dann kam, war ich so überrascht davon, so unvorbereitet, dass ich am Tag ihres Eintreffens bereits einen Besuch im Holocaustmuseum von Auschwitz für uns geplant hatte. Im Zug zu dem Bus, der uns dorthin bringen sollte, hieltest du meine Füße. Wir waren unterwegs zu allem, was das Leben unerträglich macht, und empfanden das Einzige, was es lebenswert macht. Das war Freude. Und doch bringt es nichts, darüber nachzudenken und es zu diskutieren. Es hat keinen Platz neben den wilden Streitigkeiten darüber, wer den Hausputz übernehmen oder die Tochter abholen soll. Es spielt keine Rolle, wenn man friedlich zusammensitzt und einen alten Film schaut oder zwei alte Damen aus einem Laden nachmacht oder wenn ich ein Eis esse und du mir missmutig dabei zuschaust oder wenn wir auf zwei verschiedenen Etagen der Bibliothek arbeiten. Es passt einfach nicht in den Alltag. Eines verrät einem nämlich keiner über die Freude: wie wenig echtes Vergnügen sie enthält. Und doch, wie sollten wir leben, wenn sie niemals käme, nicht wenigstens ein einziges Mal?

Eine letzte Überlegung noch: Manchmal kann sich Freude auch in gefährlichem Maß vervielfältigen. Kinder sind da ein besonders berüchtigtes Beispiel. Ist es nicht schon schlimm genug, dass einem der Geliebte, mit dem man echte Freude erlebt hat, eines Tages genommen werden wird? Weshalb fügt man diesem Albtraum dann noch das Kind hinzu, dessen Verlust, sollte er jemals eintreten, nichts weniger als die eigene völlige Vernichtung bedeuten würde? Man darf hier nicht vergessen, dass viele eine ähnlich gefährliche Freude in einem Hund oder einer Katze finden, da Beziehungen zu Tieren durch die Garantie ihrer Endlichkeit in gewisser Weise verstärkt werden. Man hofft, vor dem eigenen Kind aus dieser Welt zu scheiden. Man weiß aber genau, dass der Hund vor einem gehen muss. Freude ist ein so menschlicher Wahnsinn.

Der Schriftsteller Julian Barnes hat einmal im Hinblick auf die Trauer gesagt: »Es tut exakt so weh, wie es die Sache verdient.« Genau genommen hat eine Freundin von ihm diesen Satz in einen Kondolenzbrief geschrieben, und Julian hat ihn meinem Mann zitiert, der ihn wiederum mir zitiert hat. Die Worte blieben uns in all ihrer Klarheit und Brutalität noch monatelang im Kopf. *Es tut exakt so weh, wie es die Sache verdient.* Was für eine Abmachung! Warum lässt sich eigentlich irgendwer auf so einen schrägen Deal ein? Wären wir auch nur halbwegs vernünftig und bei Sinnen, müssten wir doch jederzeit dem Vergnügen vor der Freude den Vorzug geben, so wie Tiere es klugerweise tun. Wenn ein Vergnügen zu Ende geht, nimmt schließlich niemand groß Schaden dabei, und es lässt sich jederzeit durch ein mehr oder minder gleichwertiges ersetzen.

PATRICIA HIGHSMITH

1959

21.10.1959 Habe meine Mutter zum Flieger nach Rom gebracht. – Adieu für weiß Gott wie viele Jahre. Ich bin so froh und glücklich darüber, allein zu sein, frei zu sein. Selbst M., die versprochen hat, in Griechenland zu mir zu stoßen: Sie kommt nicht, und mich rufen wieder die Einsamkeit und das alte Abenteuer. Im Moment bleibt mir nichts anderes, als ganz alleine loszuziehen, das kleine, einsame Hotelzimmer, der Blick auf irgendeinen Fluss in der Nacht, die Lichter eines Restaurants, in dem niemand mit mir essen wird. Aus diesen Situationen entstehen meine Geschichten, meine Bücher und mein Lebensgefühl.

Nachweis

Der Verlag dankt folgenden Rechteinhaber:innen für die Genehmigung zum Abdruck:

Dörrie, Doris (*1955, Hannover)
Das große Fressen. Aus: dies., *Die Welt auf dem Teller.* Copyright © 2020, Diogenes Verlag AG Zürich.

Droste-Hülshoff, Annette von (1797, Havixbeck – 1848, Meersburg)
Die rechte Stunde. Aus: dies., *Gedichte.* J.G. Cotta'scher Verlag, Stuttgart u.a., 1844.

Goebel, Joey (*1980, Henderson)
Unsere Olivia. Aus: ders., *Irgendwann wird es gut.* Copyright © 2019, Diogenes Verlag AG Zürich. Aus dem amerikanischen Englisch von Hans M. Herzog.

Gilbert, Elizabeth (*1969, Waterbury)
Im Jetzt (Titel von der Herausgeberin). Aus: dies., *Eat, Pray, Love.* Copyright © 2013, S. Fischer Verlag GmbH, Frankfurt am Main. Aus dem amerikanischen Englisch von Maria Mill.

Heger, Moritz (*1971, Stuttgart)
Schwimmen (Titel von der Herausgeberin). Aus: ders., *Aus der Mitte des Sees.* Copyright © 2021, Diogenes Verlag AG Zürich.

Highsmith, Patricia (1921, Fort Worth – 1995, Locarno)
diverse Auszüge (1942, 1943, 1947, 1956, 1959). Aus: dies., *Tage-*